»Reichskristallnacht«

Das Buch

Die Novemberpogrome von 1938 gingen unter der ironisch-beschönigenden Bezeichnung »Reichskristallnacht« in die Geschichte ein. Während die nationalsozialistischen Machthaber die Pogrome als Reaktion der »kochenden Volksseele« auf die Ermordung eines deutschen Diplomaten in Paris durch einen Juden hinstellten, wurden sie in Wahrheit von höchster Stelle ausgelöst und organisiert. Dank neuer Aktenfunde werfen Hans-Jürgen Döschers Studien ein ganz neues Licht auf die damaligen Zusammenhänge. Dem Leser geben sie tiefe Einblicke in die komplexen Hintergründe und Folgewirkungen der Novemberpogrome im Jahre 1938.

Der Autor

Hans-Jürgen Döscher, geb. 1943, studierte Geschichte, Politikwissenschaft und Romanistik in Hamburg und Bordeaux; 1985 Promotion zum Dr. phil. Er ist Studiendirektor, Lehrbeauftragter für Neueste Geschichte an der Universität Osnabrück und historischer Berater bei nationalen und internationalen Fernsehdokumentationen zur Zeitgeschichte. Wichtigste Veröffentlichungen: *Das Auswärtige Amt im Dritten Reich. Diplomatie im Schatten der »Endlösung«*, Berlin 1987; *SS und Auswärtiges Amt im Dritten Reich*, Frankfurt a. M./Berlin 1991; *Verschworene Gesellschaft. Das Auswärtige Amt unter Adenauer – zwischen Neubeginn und Kontinuität*, Berlin 1995.

Hans-Jürgen Döscher

»Reichskristallnacht«

Die Novemberpogrome 1938

Propyläen Taschenbuch

Propyläen Taschenbuch 2000
erscheint in der Econ Ullstein List Verlag GmbH & Co. KG, München
3. Auflage

Umschlagkonzept u. -gestaltung: Morian & Bayer-Eynck
Titelabbildung: AKG, Berlin
Gesetzt aus der Palatino, Linotype
Satz: Josefine Urban – KompetenzCenter, Düsseldorf
Druck und Bindearbeiten: Ebner Ulm
Printed in Germany
ISBN 3-612-26753-1

Inhalt

Vorwort zur 3. Auflage

Die erste Auflage dieses Buches entstand 1988 nach Auswertung der relevanten Bestände im Bundesarchiv Koblenz, Politischen Archiv des Auswärtigen Amts Bonn, Zentralen Staatsarchiv Potsdam, in den Staatsarchiven Nürnberg und Würzburg, in den National Archives Washington sowie nach Einsicht in die bei der Staatsanwaltschaft Essen überlieferten Gerichtsakten aus dem Strafverfahren gegen den früheren Ministerialrat (im Propagandaministerium) Wolfgang Diewerge.

Für die zweite, 1990 als Taschenbuch erschienene Auflage konnte ich neue Erkenntnisse aus den seit 1989 zugänglichen Personalunterlagen Ernst vom Raths verwerten. Nachdem auch die 1998 aufgelegte Lizenzausgabe vergriffen war, entschloß sich der Verlag zur vorliegenden Neuauflage. Für diese dritte Auflage wurden die zwischenzeitlich publizierten Dokumentationen und Darstellungen ebenso berücksichtigt wie die neuen Signaturen der vom Bundesarchiv Berlin übernommenen Bestände des ehemaligen Zentralen Staatsarchivs der DDR in Potsdam (vgl. Konkordanzen im Anhang).

Mein Dank gilt zunächst allen Damen und Herren, die mir bei der Auswahl und Bereitstellung des Aktenmaterials behilflich waren. Vornehmlich danke ich den Herren Dr. Henke und Dr. Real, Frau Loenartz und Frau Schöttler (BA Koblenz) sowie Herrn Dr. Hollmann (BA Berlin), nicht minder Herrn Dr. Spreen und Frau Kaiser (Staatsanwaltschaft Essen).

Dank schulde ich überdies Herrn Ministerialrat a. D. Tobias, der mir in großzügiger Weise sein Privatarchiv zur Auswertung öffnete, sowie Herrn Rechtsanwalt Elkes (Tel Aviv) und Herrn Dr. Dr. Rathkolb (Wien) für die Beschaffung verschiedener Zeugnisse aus Israel beziehungsweise Österreich.

Herrn Christian Seeger (Berlin), in dessen Händen das Lektorat lag, verdankt diese Publikation ihre sachverständige Ausführung.

Osnabrück, im September 2000 Hans-Jürgen Döscher

Einleitung

»Wenn die Greuel ein bestimmtes Maß erreicht haben
Gehen die Beispiele aus.
Die Untaten vermehren sich
Und die Weherufe verstummen.
Die Verbrechen gehen frech auf die Straße
Und spotten laut der Beschreibung.«

Bertolt Brecht, 1933

Am 7. November 1938 verübte der siebzehnjährige deutsch-polnische Jude Herschel Grynszpan in der deutschen Botschaft Paris ein Revolverattentat auf den Legationssekretär Ernst vom Rath. Die nationalsozialistische Führung benutzte das Attentat, dem der deutsche Diplomat am 9. November 1938 erlag, als Vorwand zur Auslösung der organisierten Pogrome, die unter dem Euphemismus »Kristallnacht« in die Geschichte eingingen. In der Nacht vom 9. zum 10. November 1938 wurden jedoch nicht nur Scheiben jüdischer Geschäfte eingeworfen, sondern auch Privatwohnungen und Warenhäuser geplündert, Synagogen in Brand gesetzt und unschuldige Menschen getötet.

Über die Novemberpogrome liegen zahlreiche lokal- und regionalgeschichtliche Einzelstudien vor, indes weder eine zuverlässige Gesamtdarstellung noch eine umfassende Dokumentation. Dieses Forschungsdefizit ist um so bemerkenswerter, als die antijüdischen Maßnahmen des Jahres 1938 in der Literatur einen besonderen Platz im Rahmen der nationalsozialistischen Judenpolitik einnehmen: So ist in nicht wenigen Darstellungen von »Wendepunkt« und »Etappe einer neuen Politik« im »Schicksalsjahr« 1938 die Rede.[1]

Die in den fünfziger Jahren erschienenen Arbeiten von Helmut Heiber, Hermann Graml und Lionel Kochan behandeln zwar schon manch wesentliche Aspekte des Themas, konnten sich aber naturgemäß nur auf die relativ schmale und überdies lückenhafte Quellenbasis ihrer Zeit stützen.[2] Insbesondere waren die Bestände der obersten Reichsbehörden und Parteidienststellen noch nicht geschlossen zugänglich.

Auch nach Rückgabe der Originalakten durch die ehemaligen Alliierten an die deutschen Zentralarchive fand das Thema »Kristallnacht« über lange Zeit kaum Resonanz in der historischen Forschung – geschweige denn in der deutschen Öffentlichkeit, sieht man einmal von dem jährlich am 9. November zelebrierten Gedenken ab. Dem Bedürfnis nach Aufklärung über die Novemberpogrome schien durch die frühen Publikationen hinreichend und langfristig Genüge getan.

Entsprechend wenig Beachtung fand auch die 1965 in Berlin (DDR) veröffentlichte Arbeit »Der Fall des Herschel Grynszpan« von Friedrich Karl Kaul, wenngleich dazu erstmals Akten des Propagandaministeriums herangezogen werden konnten. Gleiches gilt für die Untersuchung »La nuit de cristal« von Rita Thalmann und Emmanuel Feinermann, die 1972 in Paris erschien – und nahezu unverändert seit 1987 auch in deutscher Übersetzung vorliegt.

Erst in der zweiten Hälfte der siebziger Jahre, nach einer Reihe antisemitischer Vorfälle, deren spektakulärer Höhepunkt die »symbolische Judenverbrennung« an einer Hochschule der Bundeswehr war, und in Erinnerung an den 40. Jahrestag wurden die Novemberpogrome von 1938 zum Thema öffentlicher Diskussion und verstärkter Aufklärungsbemühungen, nicht zuletzt auf Veranlassung der Kultusminister und -senatoren der Bundesländer. In der Folgezeit beschäftigten sich zahlreiche Publikationen und Ausstellungen mit den Ereignissen im November 1938, vornehmlich auf lokaler und regionaler Ebene.[3]

Die örtlichen Geschehnisse sind mithin weitgehend dokumentiert. Unbestritten sind im allgemeinen auch die Ziele der nationalsozialistischen Judenpolitik im Jahre 1938:

- Ausschaltung der Juden aus dem deutschen Wirtschaftsleben;
- Verminderung des jüdischen Bevölkerungsanteils durch verstärkten Auswanderungsdruck;
- Ausplünderung und Enteignung jüdischen Vermögens.[4]

Gleichwohl bleiben verschiedene Fragenkomplexe, denen zentrale Bedeutung zukommt, nach wie vor klärungsbedürftig:

1. Neue Quellenfunde weisen auf die insbesondere 1935 und 1937/38 zunehmenden antisemitischen Antriebskräfte der nationalsozialistischen Basis hin, die das »Judenproblem von unten aufzurollen« verlangten, um die Behörden unter Zugzwang zu setzen. Vertreter der NSDAP plädierten dafür, daß der Staat der antisemitischen Strömung in der Bevölkerung Rechnung tragen und die Juden aus der Wirtschaft ausschalten müsse. Leitgedanke habe dabei die »Entjudung« Deutschlands zu sein. Eine solche könne nur erfolgen, wenn den Juden in Deutschland die Lebensbasis, das heißt die wirtschaftliche Betätigungsmöglichkeit, genommen würde. Und bereits im Januar 1937 empfahl das Judenreferat im SD-Hauptamt den »Volkszorn«, der sich in Ausschreitungen ergehe, als das wirksamste Mittel zur beschleunigten »Lösung der Judenfrage«.[5]

Signalisierten diese antisemitischen Antriebskräfte nicht schon *vor* 1938 eine breite Akzeptanz für die Radikalisierung der Judenpolitik, ja sogar die Bereitschaft zu pogromähnlichen Übergriffen? Hatten die Novemberpogrome des Jahres 1938 nach den zahlreichen »wilden Einzelaktionen« gegen Juden vor 1938, auf die staatliche und Parteidienststellen mehr oder minder verlegen reagierten, insoweit nicht auch eine Ventilfunktion für die NS-Führung, nämlich den antisemitischen Druck von unten freizugeben beziehungsweise zu kanalisieren?

2. Über die Beweggründe Herschel Grynszpans zum Attentat auf Ernst vom Rath liegen verschiedene Auffassungen vor. Ist der verbreiteten Annahme Glauben zu schenken, daß das Tatmotiv Grynszpans dem Bedürfnis entsprang, das Schicksal seiner Eltern und der übrigen Juden zu rächen, die Ende Oktober 1938 gewaltsam von der Geheimen Staatspolizei zur Abschiebung an die deutsch-polnische Grenze verbracht und dort unter menschenunwürdigen Bedingungen interniert worden waren? Oder ist das Tatmotiv nicht vielmehr im homosexuellen Milieu anzusiedeln, worauf Quellen unterschiedlicher Provenienz hinweisen? Wollte Grynszpan, der arbeitslos und ohne gültige Ausweispapiere in Paris lebte, für sich und seine Eltern Ein- beziehungsweise Ausrei-

sevisa durch Vermittlung des – angeblich homosexuell veranlagten – Diplomaten vom Rath erpressen?

3. Von 1941 an bereiteten das Reichsjustizministerium, das Propagandaministerium und das Auswärtige Amt einen Schauprozeß gegen Herschel Grynszpan vor, der auf deutsches Verlangen im Sommer 1940 von der französischen Justiz an die Geheime Staatspolizei ausgeliefert worden war. Die propagandistischen und letztlich politischen Ziele, die mit diesem Prozeß verfolgt wurden, sind bislang noch nicht zuverlässig nachgewiesen, ebensowenig die Hintergründe für den plötzlichen Verzicht auf Eröffnung der Hauptverhandlung im Frühjahr 1942. War etwa der ursprüngliche Zweck des Schauprozesses, das Attentat von 1938 als »Kriegserklärung des Weltjudentums« an das Dritte Reich hinzustellen und überdies die 1941/42 befürchteten »Mitleidsregungen« in der Bevölkerung angesichts der beginnenden Judendeportationen zu neutralisieren, hinfällig geworden, weil man befürchten mußte, daß Grynszpan vor aller Öffentlichkeit auf den homosexuellen Hintergrund des Attentats hinweisen könnte? Für diese Annahme spricht unter anderem die Darstellung des ehemaligen Staatssekretärs (im Propagandaministerium) Gutterer, derzufolge sich das Regime bei Durchführung des Prozesses »bis auf die Knochen blamiert« hätte, nachdem Ernst vom Rath 1938 zum politischen Märtyrer stilisiert worden war.[6]

Die neu erschlossenen Aktenbestände in den Zentralarchiven lieferten nicht nur gesicherte Erkenntnisse zu einzelnen Forschungslücken, sondern schufen auch die Grundlage für eine durch Quellen abgesicherte Gesamtdarstellung, die wesentliche Hintergründe und Folgewirkungen der Novemberpogrome in einem neuen Licht erscheinen läßt.

Die wichtigsten der bisher unveröffentlichten Dokumente sind im Anschluß an jedes Kapitel wiedergegeben. Kriterien der Dokumentenauswahl waren Aussagekraft, Neuartigkeit, Anschaulichkeit und Prägnanz. Zur Ergänzung und Abrundung wurden darüber hinaus publizistische und autobiographische Quellen herangezogen.

Quellenkritische und erläuternde Kommentare sind, soweit erforderlich, im Darstellungs- beziehungsweise Dokumentationsteil vermerkt.

Im Laufe des Jahres 1988 sind zahlreiche Bücher, Aufsätze und Presseberichte erschienen, die an die Pogrome im November 1938 erinnerten. Die meisten Verfasser stützten sich dabei auf die Arbeiten von Hermann Graml, Uwe Dietrich Adam und Wolfgang Benz.[7] Übereinstimmend wird darin die These vertreten, daß die Entschlußbildung zur Auslösung der Pogrome am 9. November 1938 zwischen 21 und 22 Uhr anzusetzen ist, nachdem Hitler gegen 21 Uhr der Tod des Diplomaten Ernst vom Rath gemeldet worden sei anläßlich des Kameradschaftsabends der »Alten Kämpfer« in München. Folgt man der Chronologie Adams, so ist der von Hitler unmittelbar nach dem Attentat zum »Botschaftsrat« (sic) beförderte vom Rath um 17.30 Uhr in Paris verstorben. Das Telegramm mit der Nachricht vom Tode des deutschen »Gesandten« (sic) sei Hitler um 20.45 Uhr überreicht worden. Hinter diesem Vorgang stehe eine planende, zielbewußte und zweckgerichtete Absicht. Diese Meldung sei bewußt verzögert und so lange zurückgehalten worden, bis sie Hitler exakt an diesem Ort und vor diesem Publikum habe erreichen können.[8]

Diese Angaben und ihre Schlußfolgerungen lassen sich aus den vorliegenden Quellen nicht bestätigen – ganz abgesehen davon, daß Ernst vom Rath zu keiner Zeit seines kurzen Lebens Gesandter oder Botschaftsrat gewesen war, ebensowenig Legationsrat, wie zuletzt Daniel J. Goldhagen (Berlin 1996, S. 129) behauptete. Neu erschlossene Akten im Politischen Archiv des Auswärtigen Amts erlauben es, die Übermittlung und Kenntnisnahme des Ablebens Ernst vom Raths minutiös nachzuweisen. Von einer Überraschung Hitlers gegen 21 Uhr und Improvisationen bei der dann folgenden Auslösung der Pogrome kann mithin nicht mehr die Rede sein. Die Tatsache, daß Hitler seinen Begleitarzt SS-Sturmbannführer Dr. Brandt nach Paris entsandt und den mit dem Tode ringenden Legationssekretär vom Rath noch am 9. November gegen Mittag zum Gesandtschaftsrat I. Klasse ernannt hatte – eine außergewöhnliche Sprungbeförderung –, weist nicht nur auf die besondere politische Bedeutung hin, die Hitler dem Fall absichtsvoll beimaß, sondern auch auf seine frühzeitige Benachrichtigung über das zu erwartende Ableben vom Raths.

Wenn sich Hitler früher als sonst vom Kameradschaftsabend seiner in München versammelten »alten Garde« der NSDAP zurückzog und seinem Propagandaminister Goebbels die Inszenierung der Pogrome überließ, so spricht dieser Umstand eher für sein Einverständnis mit den Pogromvorbereitungen als dagegen. Für Hitler bot dieses Verfahren den Vorteil, daß er sich als Staatsoberhaupt zurückhalten und den Schein der Reputation wahren konnte, um die er sich einige Wochen zuvor beim Münchener Abkommen bemüht hatte. Je stärker er sich von den Pogromen »überrascht« zeigte, desto glaubwürdiger konnte er die Rolle eines »Unbeteiligten« spielen. Der Vorgang offenbart aufs neue das ganze Ausmaß der manipulativen Methoden, derer sich die NS-Führung in ihrer menschenverachtenden Politik bediente.

Wolfgang Benz qualifizierte den Novemberpogrom des Jahres 1938 wiederholt als »Rückfall in die Barbarei«, als Schrecken, »wie er in Mitteleuropa seit Jahrhunderten nicht mehr gewesen war, auch seit dem Zeitalter der Aufklärung als Rückfall zur Barbarei nicht mehr denkbar schien«.[9] Mit dieser Interpretation folgte Benz tendenziell einer Deutung von Hermann Graml aus den 50er Jahren: »Dieser erste große Pogrom seit dem Mittelalter griff christliche Ethik, christliche Humanitas ebenso an, wie er alle Gedanken und Institutionen überrannte, die das westeuropäische Abendland gedacht und geschaffen hatte.«[10]

Dieser Auffassung ist zunächst entgegenzuhalten, daß der von den christlichen Kirchen gepredigte Antijudaismus Ausgangspunkt und Antriebskraft für die Pogrome im Mittelalter und in der Neuzeit war. Insbesondere aber erscheint die Gleichsetzung der Pogrome des Jahres 1938 mit jenen des Mittelalters bedenklich, weil dadurch die wesentlichen Unterschiede zwischen biologisch-rassistischem Judenhaß und religiöser Judenfeindschaft aufgehoben werden. Der moderne, rassenideologisch motivierte Antisemitismus, der zum Kern der nationalsozialistischen Ideologie wurde, unterschied sich fundamental von der traditionellen, religiös und sozial begründeten Judenfeindschaft durch sein unüberbrückbares Rassendogma. Juden, die einst die Taufe nahmen und sich zum Christentum bekannten, blieben zumeist von weiteren Diskriminierungen im Mittelalter und in der Neuzeit verschont. Die Verfechter des im ausgehenden 19. Jahrhundert entstandenen Rassenantisemitismus und insbesondere die Nationalsozialisten betrachteten die Juden hingegen nicht als Glaubensgemeinschaft, sondern als Rasse, deren angeblich »schädliche« Eigenschaften unabhängig von der Religionszugehörigkeit erhalten blieben. Es lag in der Konsequenz dieser letztlich mörderischen Rassenideologie, daß auch Menschen jüdischer Herkunft, die zum Christentum konvertiert waren, zwischen 1933 und 1945 Opfer der nationalsozialistischen Judenverfolgung wurden.

Nach 1988 sind vergleichweise wenige Arbeiten zum Thema »Reichskristallnacht« erschienen. Unter den wissenschaftlichen Darstellungen ragen die Studien von Dieter Obst und Wolf-Arno Kropat heraus. Neben Erlebnisberichten jüdischer Augenzeugen wertete Obst für seine 1991 publizierte Dissertation vornehmlich Gerichtsakten aus, die nach 1945 aus Strafgerichtsverfahren wegen der 1938 verübten Verbrechen entstanden sind. Auf breiter Quellenbasis analysiert Obst vor allem die Mobilisierung der Täter und das Verhalten der Bevölkerung im Zuge der Novemberpogrome[11].

Kropat, der bereits 1988 eine Dokumentation zur »Kristallnacht in Hessen« herausgegeben hat, schloß 1997 die Lücken zwischen regionaler und allgemeiner Forschung durch seine fundierte Gesamtdarstellung »Reichskristallnacht« mit den thematischen Schwerpunkten »Urheber, Täter, Hintergründe«.[12] Besonderen Erkenntniszugewinn erzielt Kropat durch den quellenkritischen Nachweis, daß neben SA- und HJ-Banden auch verschiedene SS-Einheiten, vor allem in Hessen und Schlesien, in weitaus höherem Maß an den Terrorakten beteiligt waren als bislang von der zeitgeschichtlichen Forschung angenommen.

Während die wissenschaftlichen Untersuchungen mehrheitlich den Terminus »Reichskristallnacht« oder »Kristallnacht« in ihrem Titel beziehungsweise Untertitel aufweisen, meistens in Anführungszeichen gesetzt, um den zeitgenössischen Sprachgebrauch zu dokumentieren, ist seit Anfang der 80er Jahre zunehmend der

Begriff »Reichspogromnacht« in der Publizistik anzutreffen. Für beide Termini lassen sich ebenso Argumente finden wie gegen ihre Verwendung. »Reichskristallnacht« ist im Berliner Volksmund entstanden nach dem 10. November 1938, als manche Straßen im Westen Berlins mit Kristallglas und Schaufensterscherben aus zerstörten Wohnungen und Geschäften jüdischer Eigentümer überhäuft waren. »Reichskristallnacht« verharmlost und beschönigt die Vorgänge freilich, da nicht nur Sachwerte beschädigt, sondern auch Synagogen zerstört wurden und insbesondere unschuldige Menschen zu Tode kamen. Wenn dieser Begriff auch nicht annähernd das Ausmaß der in dieser Nacht begangenen Verbrechen widerspiegelt, ist er doch eine »Wortschöpfung der Berliner, die, das Werk der Nazis durchschauend, ein ironisches Wortungetüm erfanden, das die Lüge der Nazis ebenso enthält wie die decouvrierte Wahrheit«.[13] Antisemitischer Zynismus decke sich sprachlich mit enthüllender Erkenntnis. Auf diesen ambivalenten Charakter des Terminus »Reichskristallnacht« hat nach dem Theologen Gerlach auch jüngst der Soziologe Bodemann zu Recht hingewiesen.[14]

Das Wort »Reichspogromnacht« ist frei von jedweder euphemistischen und ironischen Färbung. Es betont die reichsweite Ausdehnung der judenfeindlichen Ausschreitungen, beschränkt diese aber zeitlich auf die Nacht vom 9. zum 10. November, ähnlich wie »Reichskristallnacht«. Gegen die Beschränkung auf nur eine und zumal diese Nacht ist einzuwenden, daß erste Pogrome bereits am 7. und 8. November in einigen Regionen Deutschlands, zum Beispiel in Hessen und Sachsen-Anhalt, zu beobachten waren – und die letzten Gewaltakte auch nicht am 10. November endeten. Es bleibt das terminologische Dilemma, daß beide Begriffe auf je unterschiedliche Art fragwürdig erscheinen. Dagegen beschreibt der Untertitel dieses Buches (»Die Novemberpogrome 1938«) zutreffend die über eine Nacht hinausgehenden judenfeindlichen Terrorakte im November des Jahres 1938 – auch in Abgrenzung zu den pogromähnlichen Vorgängen im Frühjahr und Sommer desselben Jahres in fast allen Teilen des »Großdeutschen Reiches«, nicht zuletzt im »angeschlossenen« Österreich.

Anmerkungen zur Einleitung

1 Vgl. Barkai, Avraham: »Schicksalsjahr 1938«. Kontinuität und Verschärfung der wirtschaftlichen Ausplünderung der deutschen Juden, in: Büttner, Ursula (Hrsg.): Das Unrechtsregime. Internationale Forschung über den Nationalsozialismus, Bd. 2, Festschrift für Werner Jochmann zum 65. Geburtstag, Hamburg 1986, S. 45 f.

2 Vgl. Heiber: Der Fall Grünspan, in: VfZ 5 (1957); Graml: Der 9. November 1938 »Reichskristallnacht«, Bonn 1958; Kochan: Pogrom November 10 1938, London 1957.

3 Diamant, Adolf: Zerstörte Synagogen vom November 1938, Frankfurt a. M. 1978; Freimark, Peter – Kopitzsch, Wolfgang: Der 9./10. November 1938 in Deutschland, Dokumentation zur »Kristallnacht«, Hamburg 1978; Materialien zum 40. Jahrestag der Synagogenzerstörung in Hessen, hrsg. von der Jüdischen Gemeinde in Hessen, Frankfurt a. M. 1978; Die Nacht, in der die Synagogen brannten. Dokumente und Materialien zur Orientierung über die »Reichskristallnacht« (9./10. 11. 1938), hrsg. von der Landeszentrale für politische Bildung Baden-Württemberg, Villingen-Schwenningen 1978; »Reichskristallnacht« in Hannover, Katalog der Ausstellung zur 40. Wiederkehr des 9. November 1938, Historisches Museum am Hohen Ufer, Hannover 1978.

4 Vgl. Scheffler, Wolfgang: Judenverfolgung im Dritten Reich, Berlin 1964, S. 27–32; Barkai, Avraham: Der wirtschaftliche Existenzkampf der Juden im Dritten Reich 1933–1938, in: Paucker, Arnold (Hrsg.): Die Juden im nationalsozialistischen Deutschland, Tübingen 1986, S. 153–166.

5 Zum antijüdischen Aktionismus vgl. BA Koblenz, R 58, 510 u. NS 6, 220 sowie PA des AA, Inland II A/B 43/3 II; der Bericht des SD-HA vom Januar 1937 findet sich in: BA Koblenz, R 58, 956.

6 Schreiben Leopold Gutterers vom 29. 9. 1953 an Michael Graf Soltikow, in: Staatsanwaltschaft Essen, 29 KLs 1/65, Bd. II.

7 Graml, Hermann: Reichskristallnacht, München 1988, S. 17; Adam Uwe Dietrich: Wie spontan war der Pogrom? In: Pehle, Walter H. (Hrsg.): Der Judenpogrom 1938, Frankfurt a. M. 1988, S. 77; Benz, Wolfgang: Der Rückfall in die Barbarei. Bericht über den Pogrom, in: ebda., S. 19; Benz, Wolfgang: Der Novemberpogrom 1938, in: Benz (Hrsg.): Die Juden in Deutschland 1933–1945, Leben unter nationalsozialistischer Herrschaft, München 1988, S. 509.

8 Adam: Wie spontan war der Pogrom?, S. 76–92.

9 Benz: Der Novemberpogrom 1938 (Anm. 7), S. 499 u. 510; Benz: Der Rückfall in die Barbarei (Anm. 7). Benz: Erziehung zur Unmenschlichkeit. Der 9. November 1938, in: Willms, Johannes (Hrsg.): Der 9. November. Fünf Essays zur deutschen Geschichte, München 1994, S. 52.

10 Graml: Der 9. November 1938, »Reichskristallnacht«, Bonn 5.1957, unverändert 6.1958, jeweils S. 3.

11 Obst, Dieter: »Reichskristallnacht«. Ursachen und Verlauf des antisemitischen Pogroms 1938, Frankfurt a. M. 1991.

12 Kropat, Wolf-Arno: Kristallnacht in Hessen. Der Judenpogrom vom Novem-

ber 1938. Eine Dokumentation, Wiesbaden 1988; ders.: »Reichskristallnacht«. Der Judenpogrom vom 7. bis 10. November 1938 – Urheber, Täter, Hintergründe. Mit ausgewählten Dokumenten, Wiesbaden 1997

13 Gerlach, Wolfgang: Als die Zeugen schwiegen. Bekennende Kirche und die Juden, in: »Niemand war dabei und keiner hat's gewußt«. Die deutsche Öffentlichkeit und die Judenverfolgung 1933–1945, hrsg. von Jörg Wollenberg, München/Zürich 1989, S. 99.

14 Bodemann, Y. Michal: Gedächtnistheater, Hamburg 1996, S. 92 f.

1. Zur nationalsozialistischen Judenpolitik 1933 bis 1938

Judenfeindlicher Aktionismus im März 1933

Der sogenannte »Judenboykott« Anfang April 1933 und die im September 1935 erlassenen »Nürnberger Gesetze« führten als markante Äußerungen der nationalsozialistischen Judenpolitik zwischen 1933 und 1938 zu der noch heute verbreiteten Auffassung, daß vornehmlich die Partei- und Staatsführung im Dritten Reich für die antijüdischen Maßnahmen verantwortlich gewesen sei, die breite Masse der deutschen Bevölkerung indes das Unrecht gegenüber den jüdischen Mitbürgern nolens volens hinnehmen mußte.

Soweit der Unrechtscharakter dieser Diskriminierungsakte überhaupt erkannt wurde, erschienen die »Nürnberger Gesetze« vielen Zeitgenossen gar als begrüßenswerte Reaktion der Gesetzgebung gegen die »Auswüchse« und »Ausschreitungen« der Radauantisemiten. Erst die Novemberpogrome von 1938 hätten eine radikale Abkehr von der bis dahin verfolgten Judenpolitik mit sich gebracht.[1]

Diese Darstellung nationalsozialistischer Judenpolitik zwischen 1933 und 1938 wird der historischen Wirklichkeit nicht gerecht. Pogromähnliche Aktionen sind bereits im März 1933 nachzuweisen, sodann besonders 1935 und im Sommer 1938. Es handelte sich dabei vor allem um »wilde Aktionen« der nationalsozialistischen Parteibasis, die aber auch von interessierten Berufsgruppen, zum Beispiel von Einzelhändlern und Gewerbetreibenden, getragen wurden und die trotz wiederholter Verbote durch höchste Parteistellen im Grunde bis 1938 nicht nachließen, die Zeit der Olympischen Spiele in Berlin (1936) vielleicht ausgenommen.

Deklassierung und Entrechnung der Juden in Deutschland setzten nicht erst 1935 oder 1938 ein, sondern bereits 1933. Neben der generellen Diffamierung jüdischer Menschen ist von Anfang an ein judenfeindlicher Aktionismus zu beobachten, der sich insbesondere gegen Ärzte, Rechtsanwälte, Richter und Kaufleute richtete. In Berlin kam es schon im März 1933 zu blutigen Krawallen auf dem Kurfürstendamm, in Breslau und anderen Städten zum Sturm auf die Gerichte (vgl. 1.1). Nationalsozialisten, darunter insbesondere SA-Männer, prügelten jüdische oder »jüdisch-aussehende« Staatsanwälte, Richter und Rechtsanwälte aus den Gerichtsgebäuden. Die Justiz sollte dadurch »systematisch von jüdischen Rechtsverdrehern gesäubert« werden.[2]

Ärzte wurden von SA-Angehörigen aus ihren Praxen entführt, mißhandelt und frühzeitig gezwungen, unter Zurücklassung ihrer Habe Deutschland zu verlassen (vgl. 1.2).

Aus den Protestnoten verschiedener ausländischer Gesandtschaften an das Auswärtige Amt ist zu ersehen, daß im ganzen Monat März 1933 zahlreiche Kaufleute und Gewerbetreibende, darunter vor allem Juden polnischer Nationalität, in allen Teilen des Deutschen Reiches bedroht, erpreßt, verletzt, ausgeplündert oder ihrer Freiheit beraubt wurden.[3]

Judenboykott im April 1933

Auf Grund der kritischen Berichterstattung über diese Vorfälle im Ausland beschloß die NS-Führung, einen allgemeinen »Judenboykott« am 1. April 1933 zu organisieren, um der »Greuelpropaganda« entgegenzuwirken. Unter dem 26. März 1933 notierte Joseph Goebbels, Reichsminister für Volksaufklärung und Propaganda, in seinem Tagebuch: »Wir werden gegen die Auslandshetze nur ankommen, wenn wir ihre Urheber oder doch wenigstens Nutznießer, nämlich die in Deutschland lebenden Juden, die bisher unbehelligt blieben, zu packen bekommen. Wir müssen also zu einem groß angelegten Boykott aller jüdischen Geschäfte in Deutschland schreiten. Vielleicht werden sich dann die ausländischen Juden eines Besseren besinnen, wenn es ihren Rassegenossen in Deutschland an den Kragen geht.«[4]

Julius Streicher, Gauleiter von Franken und Herausgeber des antisemitischen Hetzblattes »Der Stürmer«, leitete die Aktionen, ihr Initiator war indes der Propagandaminister.[5] Goebbels organisierte den Boykott, er entwarf den Boykottaufruf, der vom ganzen Kabinett Hitler gebilligt wurde, also auch von den deutschnationalen und parteilosen Ministern, und der am 29. März in der Presse erschien (vgl. 1.3).

Die Aktion richtete sich gegen jüdische Geschäfte und Waren, gegen die Tätigkeit jüdischer Rechtsanwälte und Ärzte sowie gegen den Besuch von Schulen und Universitäten durch Juden.

Der sogenannte Boykott verlief weder friedlich noch diszipliniert, wie die nationalsozialistische Propaganda behauptete, vielmehr waren Nötigung, Körperverletzung, Diebstahl und Freiheitsberaubung wochenlang an der Tagesordnung. Selbst ausländische Konsulatsangehörige blieben von gewalttätigen Übergriffen nicht verschont (vgl. 1.4).

Obwohl die Aktion auf Anordnung der NS-Führung in der Nacht vom 1. zum 2. April 1933 abgebrochen werden sollte, setzten örtliche Stellen der NSDAP und der »Kampfbund des gewerblichen Mittelstandes« den Boykott in allen Teilen des Reichsgebietes fort, vornehmlich gegen jüdische Waren- und Kaufhäuser (vgl. 1.5). Vielfach untersagten daraufhin die Polizeibehörden »im Interesse der öffentlichen Sicherheit und Ordnung« ganz oder teilweise den Verkauf in jüdischen Warenhäusern.

Im Kern zeichnete sich bereits 1933 die später noch oft zu beobachtende Wechselwirkung zwischen willkürlichen Zugriffen der Parteibasis und administrativen Maßnahmen der Behörden ab. Deren »Entgegenkommen« sollte beruhigend wirken, vermochte es jedoch nicht, da es den antisemitischen Antriebskräften nicht weit genug ging, woraufhin diese ihre »wilden« Aktionen wiederholten und verschärften.

Eine deutlich antisemitische Komponente enthielt erstmals das am 7. April 1933 erlassene Gesetz zur »Wiederherstellung des Berufsbeamtentums«. Mit diesem Gesetz und seinen Ausführungsbestimmungen schufen sich die neuen Machthaber eine Handhabe, neben politischen Gegnern auch jüdische Richter, Beamte und Angestellte aus allen Bereichen des öffentlichen Dienstes zu entfernen.[6]

Andere Bestimmungen legten den jüdischen Ärzten und Rechtsanwälten erste Zulassungsbeschränkungen auf. Überdies durfte der Anteil jüdischer Studenten an den Hochschulen laut Gesetz vom 25. April 1933 1,5 Prozent aller Studierenden nicht mehr überschreiten.

Als die »nationale Revolution« im Sommer 1933 für abgeschlossen erklärt wurde und sich das Regime allmählich konsolidierte, ließen die Gewalttätigkeiten gegen Juden vorübergehend nach. Doch schon Anfang 1934 sind neben der Zunahme individueller Willkürakte auch Vorbereitungen für einen neuerlichen Boykott jüdischer Geschäfte zu beobachten (vgl. 1.6). Wenngleich der geplante Boykott nach dem ausdrücklichen Verbot der NSDAP-Reichsleitung vom 19. März 1934 unterblieb, ist doch der antisemitische Druck der nationalsozialistisch orientierten Handels- und Gewerbeorganisationen auf die Staats- und Parteiführung unübersehbar, die Juden auch aus dem Wirtschaftsleben zu verdrängen.

Pogrome 1935

Dieser Druck verstärkte sich noch im Laufe des Jahres 1935: Neben Synagogenschändungen und Zuzugsverboten sind Boykottkampagnen gegen noch bestehende jüdische Geschäfte und Arztpraxen in allen Teilen des Deutschen Reiches vermehrt feststellbar, häufig auf Betreiben der »arischen« Konkurrenz. Zu Recht ist in den Berichten der unteren und mittleren Verwaltungsbehörden von *Pogromen* die Rede,[7] ebenso in den Meldungen der ausländischen Presse (vgl. 1.7 und 1.8). Signifikant erscheint in diesem Zusammenhang der Bericht der Staatspolizeistelle für den Regierungsbezirk Münster vom 6. Juni 1935. Sein Tenor lautet: In weiten Kreisen der nationalsozialistischen Bewegung herrsche die Ansicht vor, »daß jetzt die Zeit gekommen sei, die Judenfrage restlos zu lösen«. Man wolle »das Judenproblem von unten aufrollen und in Angriff nehmen«. Die Regierung werde dann folgen müssen (vgl. 1.9).

Im August 1935 wies die Reichsleitung der NSDAP alle Parteistellen wiederholt darauf hin, daß »alle wilden Einzelaktionen gegen Juden zu unterbinden« seien.[8]

Am 20. August 1935 fand im Reichswirtschaftsministerium eine interministerielle Chef-Besprechung »betreffend die Rückwirkungen der deutschen Judenpolitik auf die Wirtschaftslage« statt. Nach der im Auswärtigen Amt überlieferten Aufzeichnung soll Reichsbankpräsident Schacht dabei Zweifel geäußert haben, »ob angesichts der zunehmenden radikalen Tendenz der Judenpolitik die Erreichung der ihm vom Führer gestellten wirtschaftlichen Ziele der Arbeitsbeschaffung und des Aufbaues der Wehrmacht [...] möglich sei. Schacht lehnte es ab, etwa als judenfreundlich abgestempelt zu werden. Er müsse lediglich auf die Folgen einer unverantwortlichen Judenhetze für sein Ressort hinweisen. Besonders scharfe Kritik übte Schacht an den Einzelaktionen bestimmter Parteidienststellen, der Arbeitsfront, der NS-Hago, sowie an der Tätigkeit des Gauleiters Streicher.« Darauf erwiderte der bayerischer Innenminister und Gauleiter Wagner als Vertreter der NSDAP, »daß auch die Partei Einzelaktionen mißbillige. Immerhin müsse der Staat der antisemitischen Stimmung der Bevölkerung Rechnung tragen und die Ausschaltung der Juden aus der Wirtschaft durch, wenn auch schrittweise, legale Maßnahmen einleiten. Dadurch würde die in der Bevölkerung bestehende Unruhe gedämpft werden.«[9]

Quellenkritisch ist in diesem Zusammenhang anzumerken, daß die Ablehnung radikaler Tendenzen in der Judenpolitik, wie sie etwa von Schacht und Vertretern der Ministerialbürokratie überliefert ist, weder einem besonders ausgeprägten Rechtsgefühl noch besonderen Sympathien mit der jüdischen Bevölkerung entsprang, vielmehr im Interesse einer erfolgreichen Wirtschaftspolitik lag – und soweit auch im Interesse der Konsolidierung eines grundsätzlich antisemitischen Regimes.[10]

Nürnberger Gesetze

Auf diese vielfältigen und zunehmenden Spannungen innerhalb des Partei- und Staatsgefüges reagierten die NS-Machthaber am 15. September 1935 anläßlich des Parteitags in Nürnberg mit der Verkündung der sogenannten »Nürnberger Gesetze«, die Grundlage wurden für die restlose Ausschaltung der Juden aus allen öffentlich-rechtlichen Arbeitsverhältnissen.[11]

Das »Reichsbürgergesetz« schied die Bevölkerung in »Reichsbürger deutschen oder artverwandten Blutes«, die »alleinige Träger der vollen politischen Rechte« sein sollten, und übrige »Staatsangehörige«, das heißt, es deklassierte die Juden zu Bürgern minderen Rechts (vgl. 1.10). Das »Gesetz zum Schutze des deutschen Blutes und der deutschen Ehre« verbot in der Hauptsache Eheschließungen und außerehelichen »Verkehr« zwischen Juden und Nichtjuden (vgl. 1.11). Die gewünschte Trennung war damit vollzogen, zugleich aber dem Denunziantentum und der Willkür in sogenannten »Rassenschandefällen« Tür und Tor geöffnet.[12]

Am 19. September 1935, wenige Tage nach dem Erlaß der »Nürnberger Gesetze«, vermerkte Goebbels in seinem Tagebuch: »Verbot aller Ausschreitungen, vor allem in Judenfragen [...] Ob es was nützt? Ich glaube es kaum. Die meisten Männer der n. s. Hago sind unbelehrbar.«[13] Diese Einschätzung bestätigt wiederum die Wechselwirkung zwischen ungezügeltem Terror der Parteibasis und »gesetzlichen« Eingriffen der NS-Führung. Es lag in der Konsequenz dieser doppelten Taktik, daß die Existenzmöglichkeiten der deutschen Juden sukzessive eingeschränkt wurden.

Gewalttätigkeiten gegen Juden ließen im Herbst 1935 zwar

nach, blieben indes keineswegs aus.[14] Nur 1936, im Jahr der Olympischen Spiele von Berlin, legte sich das um internationale Reputation bemühte NS-Regime Zurückhaltung in seiner Judenpolitik auf.

Von 1937 an ist eine allmähliche Verschärfung des Repressionskurses zu beobachten. Bereits im Januar 1937 forderte der Sicherheitsdienst (SD) des Reichsführers-SS in einem zusammenfassenden Bericht die »Entjudung Deutschlands«. Diese könne nur erfolgen, wenn den Juden die Lebensbasis, das heißt die wirtschaftliche Betätigungsmöglichkeit, genommen würde. Als wirksamstes Mittel dazu wurde der »Volkszorn« empfohlen, der sich in Ausschreitungen ergehe.[15]

Repression und Terror setzten dann auch prompt wieder ein, 1937 noch vereinzelt, im Frühjahr 1938 massiver denn je und nunmehr auch exzessiv im »angeschlossenen« Österreich (vgl. 1.12, 1.13 und 1.14). Zunehmende Hetzpropaganda, Aufenthaltsverbote, Verhaftungswellen, Berufsverbote für Ärzte und Anwälte sowie die Registrierung jüdischer Vermögen kennzeichnen im einzelnen die Radikalisierung der Judenverfolgung (vgl. 1.15).

Leitziel war die existentielle Vernichtung und letztlich die Vertreibung der Juden aus Deutschland. Nach einem Gespräch mit Hitler notierte Goebbels am 30. November 1937 in seinem Tagebuch: »Die Juden müssen aus Deutschland, ja aus ganz Europa heraus. Das dauert noch eine Zeit, aber geschehen wird und muß das. Der Führer ist fest entschlossen dazu.«[16] Und am 4. Juni 1938 faßte Goebbels das Ergebnis einer Besprechung über die »Judenfrage« mit dem Berliner Polizeipräsidenten (Graf Helldorf) in die Worte: »Ziel Heraustreibung der Juden aus Berlin. Und zwar ohne Sentimentalität.«[17]

Goebbels propagierte nicht nur den radikalen Antisemitismus, er steuerte auch die Pogrome im Sommer 1938, wie unter anderem aus seinen Tagebuchnotizen vom 11. und 21. Juni 1938 hervorgeht: »Vor 300 Polizeioffizieren in Berlin über Judenfrage gesprochen. Ich putsche richtig auf. Gegen jede Sentimentalität. Nicht Gesetz ist die Parole sondern Schikane. Die Juden müssen aus Berlin heraus. Die Polizei wird mir dabei helfen. [...] Die antijüdische Aktion in Berlin regt das Ausland sehr auf. Unsere Pgn. [Parteigenossen] gehen auch etwas scharf heran. Ich bremse da ein wenig. Im übrigen aber lasse ich den Leuten ihren Lauf. Die Juden in aller Welt schimpfen sowieso. Und heraus müssen sie doch aus Berlin.«[18]

Radikalisierung der Judenpolitik 1938

Die Straßenkrawalle in Berlin, die Synagogenzerstörungen in Nürnberg, München und Dortmund sowie die Verhaftungswellen im Sommer 1938 trugen zwar erheblich zur Verunsicherung der deutschen Juden bei, dennoch hofften die meisten von ihnen, allen Drangsalierungen zum Trotz, in ihrem Vaterland zu überleben. Deshalb blieben auch die Ergebnisse der forcierten Auswanderungspolitik weit hinter den Erwartungen der NS-Machthaber zurück. Von den rund 500 000 Juden deutscher Staatsangehörigkeit, die Anfang 1933 im Deutschen Reich lebten, hatten bis zum Herbst 1938 nur knapp 150 000 ihre Heimat verlassen.[19] Angesichts der Indolenz und Zurückhaltung im Ausland, jüdische Emigranten aufzunehmen, bestand im Herbst 1938 kaum Aussicht, das »Judenproblem«, das einzig und allein ein Problem der Nichtjuden war, kurzfristig zu »lösen«.

In diese spannungsreiche Zeit des Jahres 1938 fiel die Entscheidung der polnischen Regierung, insbesondere Juden polnischer Nationalität, die mehr als fünf Jahre im Ausland gelebt und die Verbindung zum polnischen Staat verloren hätten, durch Entzug der Staatsbürgerschaft die Rückkehr nach Polen zu verwehren. Im Hintergrund dieses Beschlusses stand die Befürchtung, daß nach dem »Anschluß« Österreichs an das Deutsche Reich etwa 20 000 dort lebende Juden nach Polen fliehen würden, um sich der Verfolgung zu entziehen.[20]

Am 30. Oktober 1938 hätten auch die Pässe der in Deutschland befindlichen Juden polnischer Staatsangehörigkeit (ca. 70 000) ihre Gültigkeit verloren. Da die nationalsozialistische Regierung am Verbleib dieser Juden im Reichsgebiet nicht interessiert war, ließ sie am 27. und 28. Oktober 1938 über 12 000, vorwiegend männliche Juden verhaften[21] und an die deutsch-polnische Grenze abschieben (vgl. 1.16 und 1.17).

Unter diesen vertriebenen Juden, die im deutsch-polnischen Niemandsland umherirrten, bis sie in ehemaligen Militärbaracken und Pferdeställen auf polnischem Gebiet unter menschenunwürdigen Bedingungen interniert wurden, befanden sich auch die engsten Angehörigen Herschel Grynszpans.

Anmerkungen zum 1. Kapitel

1 Vgl. Adam, Uwe Dietrich: Judenpolitik im Dritten Reich, Düsseldorf 1979, S. 207, dort auch die ältere Literatur; kritisch dazu Rürup, Reinhard: Das Ende der Emanzipation, in: Die Juden im Nationalsozialistischen Deutschland, hrsg. von Arnold Paucker, Tübingen 1986, passim, insbesondere S. 108, und Scheffler, Wolfgang: Ausgewählte Dokumente zur Geschichte des Novemberpogroms 1938, in: Aus Politik und Zeitgeschichte, B 44/1978, S. 3, Anm. 3.
2 Scheffler, Wolfgang: Judenverfolgung im Dritten Reich, Berlin 1964, S. 18.
3 Vgl. BA Koblenz, R 43 II, 603.
4 Die Tagebücher von Joseph Goebbels, hrgs. von Elke Fröhlich, Teil I, Bd. 2, München–New York–London–Paris 1987, S. 398.
5 Ebda., S. 398 f.
6 RGBl. I (1933), S. 175; vgl. auch Mommsen, Hans: Beamtentum im Dritten Reich, Stuttgart 1966.
7 Rundverfügung des Oberpräsidenten der Rheinprovinz v. 8. 6. 1935, in: Faust, Anselm: Die »Kristallnacht« im Rheinland, Düsseldorf 1987, S. 32; vgl. auch: Bayern in der NS-Zeit. Soziale Lage und politisches Verhalten der Bevölkerung im Spiegel vertraulicher Berichte, hrsg. von Martin Broszat, Elke Fröhlich und Falk Wiesemann, München-Wien 1977, S. 442–457.
8 Rundschreiben Nr. 164/35, gez. M. Bormann, v. 9. 8. 1935, in: BA Koblenz, NS 6, 220; vgl. dort auch die weiteren Anordnungen.
9 PA des AA, Inland II A/B 34/3 II.
10 Vgl. Rürup: Das Ende der Emanzipation, S. 110.
11 Vgl. Scheffler: Judenverfolgung, S. 21.
12 Vgl. Robinsohn, Hans: Justiz als politische Verfolgung, Stuttgart 1977.
13 Tagebücher von Joseph Goebbels, Teil I, Bd. 2, S. 516.
14 Vgl. Basler Nachrichten v. 20. 9. 1935; Das Tagebuch der Hertha Nathorff, München 1987, S. 76 f.
15 BA Koblenz, R 58, 956, Bl. 3–10.
16 Tagebücher von Joseph Goebbels, Teil I, Bd. 3, S. 351.
17 Ebda., S. 448.
18 Ebda., S. 452 und 462.
19 Vgl. Scheffler: Judenverfolgung, S. 14 u. 26 f., sowie Barkei, Avraham: Vom Boykott zur »Entjudung«, Frankfurt a. M. 1987, passim.

20 Vgl. Maurer, Trude: Abschiebung und Attentat, in: Der Judenpogrom 1938. Von der »Reichskristallnacht« zum Völkermord, hrsg. von Walter H. Pehle, Frankfurt a. M. 1988, S. 59, darin auch Hinweise auf die ältere Literatur.

21 Die Zahlenangaben schwanken zwischen 12 000 und 17 000. Vgl. ebda.

Am 9.3.1933 meldete die »Deutsche Allgemeine Zeitung« aus Chemnitz:

> »Alle staatlichen und städtischen Gebäude in Chemnitz, auf denen neben der Hakenkreuzfahne nunmehr auch die schwarzweissrote Fahne weht, wurden am Donnerstag vormittag von starken Abteilungen von SA-Leuten und Stahlhelmern besetzt.
>
> Beim Chemnitzer Gericht wurden von SA-Leuten und Stahlhelmern folgende Beamte von ihren Aemtern entfernt und zum Teil in Schutzhaft genommen: Landgerichtspräsident Dr. Ziel, Oberstaatsanwalt Dr. Richter, politischer Staatsanwalt Dr. Dachsel, Landgerichtsdirektor Asmus, der frühere Oberstaatsanwalt von Freiberg, Landgerichtsrat Dr. Cohn und der Staatsanwaltschaftsassessor Dr. Braem...«

Am 12.3.1933 brachte die »Frankfurter Zeitung« folgenden Bericht vom 11.3.1933 aus Breslau:

> »In Breslau ist heute mittag ein starker Trupp SA-Leute in das Amts- und Landgerichtsgebäude eingedrungen. Unter den Rufen ›Juden raus!‹ wurden sämtliche Dienst- und Sitzungszimmer geöffnet, und die jüdischen Rechtsanwälte, Richter und Staatsanwälte wurden gezwungen, sofort das Gebäude zu verlassen. In den Gängen und Sälen spielten sich sehr erregte Szenen ab. Das Anwaltszimmer war innerhalb weniger Minuten geräumt, und die jüdischen Anwälte verliessen, zum Teil ohne ihre Garderobe mitnehmen zu können, das Justzgebäude. Zahlreiche Gerichtsverhandlungen mussten unterbrochen werden. Nach etwa einer halben Stunde erschien die Schutzpolizei im Gebäude und forderte die SA zum Abmarsch auf. Der Aufforderung wurde Folge geleistet.«

Die »Vossische Zeitung« meldete aus Gleiwitz – zitiert nach der »Jüdischen Rundschau« vom 28. März:

> »Im Gleiwitzer Amts- und Landgericht gab es am Freitag erheb-

liche Tumulte. Eine grössere Zahl junger Burschen drang in das Gerichtsgebäude ein und misshandelte mehrere jüdische Rechtsanwälte. Der 70jährige Justizrat Kochmann wurde ins Gesicht geschlagen, andere Anwälte mit Faustschlägen traktiert. Eine jüdische Assessorin wurde von Justizbeamten in Schutzhaft genommen. Die Gerichtsverhandlungen mussten unterbrochen werden. Polizei besetzte schließlich das Gebäude, um weitere Störungen zu verhindern.«

Abschrift zu Rm II Sz.293 216

Hierdurch gestatte ich mir, der deutschen Gesandtschaft in Berlin die Vorgänge darzulegen, die mich gezwungen haben, mit meiner Familie am 25.d.M. deutsches Gebiet zu verlassen.

Ich bin der Sohn des Kaufmanns Bernhardt Fränkel, in Berlin am 7.9.92 geboren. Eltern und Großeltern waren deutsche Staatsangehörige, in Berlin ansässig. Ich studierte in Berlin Medizin, war 24 Monate im Felde, im Westen und Osten als Assistenzarzt, in der Funktion eines Stabsarztes, des Infanterieregiments 402 und erhielt im September 1917 das EK.II. Das letzte Kriegsjahr wurde ich auf eine sogenannte Neurotikerstation nach Königsberg berufen. Später war ich in Anstalten Stuttgart und Berlin Buch tätig. Ich wurde in Württemberg und Preußen als Kreisarzt geprüft. 2 Jahre war ich als Stipendiat der deutschen Notgemeinschaft an dem Universitätsinstitut für Psychologie in Berlin beschäftigt. Seit 1925 bin ich als Nervenarzt niedergelassen, Berlin W.7, Kaiser-Allee 207. Abgesehen von meiner Praxis widmete ich mich intensiven wissenschaftlichen Studien.

Meine Frau, Hilde, geb.Leo, Tochter des 1915 im Felde gefallenen Hauptmanns der Reserve, Erich Leo, ist seit 1930 mit mir verheiratet. Ich habe einen zweijährigen Sohn.

Am 21.d.M. wurde ich von einer Berliner S.A.-Truppe verhaftet. Es erfolgte eine Haussuchung, bei welcher Akten über Patienten (Tagebücher, Träume usw.) mitgenommen wurden. Schon in dem ersten S.A-Heim wurde ich schwer mißhandelt, und zwar mit Peitschen und Gummiknüppeln. Mit einem Riemen erhielt ich einen heftigen Schlag gegen das linke Auge, das jetzt noch

blut-

L383930

- 2 - 217

blutunterlaufen ist. Es folgte die Überführung in eine größere S.A.-Kaserne in der General-Papestraße in Berlin-Schöneberg (Hilfspolizei, Leitung Hauptmann Fritsche). Hier wurden di die Mißhandlungen in grausamer Weise wiederholt. Ich wurde auf eine Holzbank gelegt und der entblößte Rücken so geschlagen, daß das Hemd später klebte. Dann wurde mir, wie auch den anderen Gefangenen, Anzug und Mantel weggenommen. Ich wurde in eine verdreckte Joppe und zerrissene Hose gesteckt.(Ausspruch eines S.A.-Mannes: Wir haben den Lokus damit gereinigt) und in einem Keller mit ca 25 anderen Gefangenen untergebracht. Wir litten alle sehr unter der Kälte. Ich mußte, da die 2 Betten für Schwerverletzte reserviert waren, auf Steinboden liegen. Die Mißhandlungen wiederholten sich die ganze Nacht über, man goß mir, während ich einen anderen fast zu Tode geprügelten Arzt (Dr.Philippsohn aus Biesdorf bei Berlin) untersuchen mußte, einen Eimer mit Wasser über den Kopf. Dann erhielt der Schwerverletzte einen Eimer extra. Ich war dauernd wüsten Beschimpfungen ausgesetzt, mußte z.B. ständig erklären: Ich bin ein stinkiger Jude.

Abgesehen von dem persönlichen Leid wirkte schwer auf mich, daß ich die fortgesetzten Mißhandlungen von anderen, mir unbekannten Menschen mitansehen mußte. Es wurde einem Gefangenen die Haut unter den Fußsohlen mit Feuer abgebrannt, zuerst mit der Zigarette, dann mit Streichhölzern, dann mit einer Papierfackel.(Fußsohle und zwischen den Zehen). Dann wurde derselbe in eine Art von Schrank gepreßt, in dem er beinahe erstickte. Man gab dem vorher erwähnten Arzt schweissige Socken zu Kauen. Während der Schreie der Gepeinigten wurde im ersten Stock gesungen und Harmonika gespielt. Am

nächsten

L383931

- 3 - 218

Am nächsten Tage mußte ich trotz heftigster Schmerzen ca eine Stunde exerzieren,(in einem Kellergang) Laufschritt, Kniebeugen, Wendungen.

Ich wurde nur kurz vernommen, ich habe den Eindruck, daß die Verhaftung auf Grund einer Denunziation erfolgte,was auch andere von sich annahmen. Man warf mir vor, daß morgens um 6 Uhr 2 unbekannte Männer aus Schneidemühl bei mir eintraffen. Ich erklärte, daß es sich um 2 Kriegsbeschädigte handelte, die ich auf behördlichen Antrag hin zu untersuchen hatte. Die Namen der Kriegsbeschädigten sind mir nicht gegenwärtig, sie müssen jedoch in den Akten des Versorgungsgerichts Schneidemühl festzustellen sein. Auch meine Beschäftigung mit psychoanalytischen Methoden wurde mir als Schweinerei vorgeworfen. Ferner machte mir man die gröbsten Vorhaltungen, daß ich unentgeltliche Arbeit für die Internationale Arbeiterhilfe geleistet hätte. In der Tat habe ich für diese Organisation Nerven- und Geisteskranke, insbesondere nervöse Kinder, untersucht. Ich betone jedoch, daß ich mich nach Kräften auch in den Dienst anderer charitativer Organisationen gestellt habe (z.B. Abstinenzorganisationen).

Meine Entlassung am 23.nachmittags erfolgte durch persönliche Einwirkung von mir behandelten Nationalsozialisten und auf Empfehlung des Polizeipräsidiums, Politische Abteilung. Bei der Entlassung wurde mir gedroht, falls ich meine Praxis wieder aufnehmen würde, würde ich am nächsten Tage verschwinden und nicht wieder zum Vorschein kommen. Ferner mußte ich mich schriftlich verpflichten, in kürzester Zeit Deutschland zu verlassen und nicht wiederzukehren,(auf dem Schein steht: endgültig). Ich fuhr daher Hals über Kopf mit meiner Frau und dem 2-jährigen Kinde in die Schweiz.

Ich

1383932

- 4 - 219

Ich habe die erlaubten 2 mal 200 Mk bei der Abreise besessen, weitere Gelder stehen mir nicht zur Verfügung. Meinen Sekretär Otto Galinowski sowie unser Dienstmädchen, Grete Lindner, mußte ich fristlos entlassen. Außenstände in Höhe von ca. 300 deutscher Mark muß ich für den Unterhalt meiner Mutter verwenden, für deren Unterhalt ich vollständig aufkommen muß und die bisher in unserem Haushalte gelebt hat.

Ich erkläre an Eidesstatt, daß die vorstehenden Angaben der reinen Wahrheit entsprechen.

Bern, den 27.März 1933

(gez.) Dr.Fritz Fränkel

An
die Deutsche Gesandtschaft in Bern

'''

<u>Nachtrag</u>

Zu meinem Bericht vom 27.3. 33 gestatte ich mir, noch Folgendes zu ergänzen :

Bei den erwähnten Schlägen ins Gesicht wurden mir zwei Goldkronen ausgeschlagen und eine Brücke im Oberkiefer so gelockert, daß sie entfernt werden mußte. Ich bin dadurch entstellt, was mir bei dem Suchen nach einer neuen Stellung außerordentlich hinderlich ist. Ich habe zur Zeit nicht das Geld, das Gebiß wiederherstellen zu lassen.

Bern, den 29.3.1933

(gez.) Dr.Fritz Fränkel

An die Deutsche Gesandtschaft in Bern.

L383933

Berliner Ausgabe

90. Ausg. • 46. Jahrg. • Einzelpreis 15 Pf

Berliner Ausgabe

Berlin, Freitag, 31. März 1933

VÖLKISCHER BEOBACHTER

Herausgeber Adolf Hitler

Kampfblatt der national-sozialistischen Bewegung Großdeutschlands

Der Leiter der Greuel-Abwehr:

Schlagt den Weltfeind!

Abdruck der Boykottverordnungen in der gesamten Presse
Geschäftsschließungen kein Vorwand für Entlassungen
Große Massenkundgebungen und Demonstrationen

Alljuda soll den Kampf so lange haben, bis der Sieg unser ist

Deutsche!
Wehrt Euch
Kauft nicht bei Juden!

Jerusalem
Kohn Isaak
u. Co.
Deutsche, verteidigt Euch
gegen die jüdische
Greuelpropaganda,
kauft
nur bei Deutschen!
Germans defend
yourselves against jewish
atrocity propaganda
buy only at German shops!

Übersetzung aus dem Polnischen. Anl. 1.

11

Polnische Gesandtschaft
in Berlin

Aide-mémoire.

Am 2.April 1933 begab sich der Beamte des Polnischen Konsulats in Essen, Herr Friedrich L e j k, nach Köln, um eine Reihe dienstlicher Sachen zu erledigen, welche mit der Fürsorge polnischer Landarbeiter zusammenhängen.

Als Herr Lejk zusammen mit dem Vorsitzenden des Verbandes polnischer Landarbeiter, Herrn Patkowski, vor seiner Rückfahrt nach Essen sich in einem Lokal in der Nähe des Bahnhofs, um sein Nachtmahl einzunehmen, aufhielt, kamen einige Personen in der Uniform der Mitglieder der Nationalsozialistischen Partei in das Lokal und forderten, unter beschimpfenden Zurufen, die beiden Vorgenannten zum Verlassen des Lokals auf. Sie wurden dabei gestoßen und mit Fäusten ins Gesicht geschlagen, sodaß beide zu Boden fielen. Dann setzte man beide in einen Kraftwagen und fuhr sie unter vorgehaltenem Revolver ins Polizeipräsidium, wobei sie während der Fahrt beschimpft und geschlagen wurden. Dem Herrn Lejk zerriß man einen Teil seines Anzugs, wobei Wäsche und Anzug mit Blut besudelt wurden. Im Polizeipräsidium schlug man Herrn Patkowski mit einem Sessel ins Gesicht, wobei man ihm einen Zahn ausschlug und das Auge blutig schlug.

Den Herrn Lejk führte man zur Polizeiwache, wo er die ganze Nacht unter Verhöhnungen, Beschimpfungen und Drohungen, daß er am nächsten Tage gehängt werde, verblieb.

Am nächsten Tage, d.h. am 3.April 1933, führte man Herrn

Lejk

L383706

- 2 - 12

Lejk in das Zimmer Nr. 318 ins Polizeipräsidium,wo man mit ihm ein Protokoll aufnahm und ihnen die Aktentasche und die Papiere der Arbeiter abgab.23 Arbeiterpässe hat man einbehalten mit der Erklärung,daß man sie prüfen müsse und sie dem Konsulat zurückschicken werde.

Herr Lejk stellte nach dem Vorfall fest,daß ihm ungefähr 40 Mark fehlen,desgleichen eine silberne Zigarettendose, der Hut und ein Heft,in welches er Notizen über seine Tätigkeit in Sachen polnischer Arbeiter eingetragen hatte.

Die Polnische Gesandtschaft legt im Auftrage ihrer Regierung gegen das obenbeschriebene Vorgehen gegen den Beamten des Polnischen Konsulats in Essen Protest ein und beehrt sich,um Fahndung und Bestrafung der Täter zu bitten. Die Polnische Gesandtschaft behält sich dabei die Möglichkeit vor, bezüglich der Entschädigung besonders vorstellig zu werden.

Berlin,den 5.April 1933.

RK. 4657

VERBAND DEUTSCHER WAREN- UND KAUFHÄUSER E.V.

DVWK

Dr.Pi./Mi.

BERLIN W 62
KIELGANSTRASSE 1
24. April 1933.

185

An die Reichskanzlei,

Berlin W 8,

Wilhelmstrasse 78.

Täglich laufen bei uns Berichte unserer Mitgliedsfirmen ein, dass die gegen die Warenhäuser gerichteten Teilaktionen keinesfalls zum Stillstand gekommen sind. Diese Aktionen gehen sowohl von den örtlichen Parteistellen der N.S.D.A.P. aus, als auch besonders vom Kampfbund des gewerblichen Mittelstandes; dann aber gehen zur Aufrechterhaltung der öffentlichen Ruhe, Ordnung und Sicherheit auch die Behörden gegen unsere Mitgliedsfirmen vor und schliessen insbesondere Imbissräume und Lebensmittelabteilungen. Wir gestatten uns, in der Anlage einen Bericht beizufügen, in dem in kurzen Auszügen die Vorfälle der letzten Wochen dargelegt sind. Wir bitten die Reichskanzlei, darauf hinzuwirken, dass bis zu einer endgültigen gesetzlichen Regelung derartige Einzelaktionen unterbleiben.

Ergebenst
Verband
Deutscher Waren- und Kaufhäuser e.V.

Anlagen
2 Berichte

L384150

FERNSPRECHER: SAMMELNUMMER 86 AMT LÜTZOW 6966 · TELEGRAMM-ADRESSE: WARENHAUSBUND
BANKKONTO: HARDY & Co., BERLIN, MARKGRAFENSTRASSE 36 · POSTSCHECKKONTO BERLIN 20916

B E R I C H T II. 191

Vorgehen von Behörden gegen einzelne Firmen

Bericht vom 31.3.33
Betr. Rudolph Karstadt A.-G., Zehdenick:

Auf Grund des Stadtverordneten-Versammlungs-Beschlusses vom 29.3. wird der Karstadt-Filiale aufgegeben, ihren Geschäftsbetrieb innerhalb 10 Tagen auf den Stand zu bringen, wie er s.Zt. von der Fa. Hirschfeld Söhne übernommen wurde. Es sollen nur zum Verkauf gelangen: Manufakturwaren und Damenkonfektion. Alle übrigen Artikel dürfen nicht mehr geführt werden. Die Rechtsabteilung der Rudolph Karstadt A.-G., Berlin, hat - unter Vorbehalt aller Rechtsmittel - um Schädigungen und Nachteile zu vermeiden, im Zehdenicker Geschäft jeden Verkauf von Haushaltswaren eingestellt.

Betr. Pfingst, Osnabrück:

Die Fa. Pfingst in Osnabrück ist bereits über vier Wochen geschlossen und zwar von der Polizeibehörde zur Aufrechterhaltung der Ordnung, Ruhe und Sicherheit. Beschwerde wurde zurückgewiesen, ebenfalls weitere Beschwerde beim Regierungspräsidenten. Klage ist jetzt beim Bezirksausschuss erfolgt. Der Verband hat ebenfalls eine Eingabe an Staatsanwaltschaftsrat Folk - Polizeipräsidium - gemacht. (Jetziger Bearbeiter ist Staatsanwaltschaftsrat Mittelbach). Eine weitere Eingabe wurde vom Verband an das Preussische Ministerium des Innern gerichtet und ausserdem Staatsanwaltschaftsrat Mittelbach auf die Dringlichkeit hingewiesen, da das Unternehmen bei weiterer Schliessung zusammenbrechen würde, wobei die Angestellten ihre Existenz verlieren und eine grosse Anzahl von Lieferanten in Mitleidenschaft gezogen würden. Das Geschäft konnte noch nicht wieder geöffnet werden.

Bericht vom 12.4.33
Betr. Leonhard Tietz A.-G., Köln: (Bezw. Worms u. Ludwigshafen)

Der Polizeidirektor von W o r m s hat auf Grund einer generellen ministeriellen Ermächtigung die Schliessung der dortigen Filiale angeordnet, und zwar für Gründonnerstag auf 24 Stunden. Es ist dies bereits das 4. Mal, dass diese Filiale geschlossen wird. Als angebblicher Grund für diese Massnahmen werden bevorstehende Unruhem angegeben.

Von der Geschäftsleitung der Fa. Leonhard Tietz, Ludwigshafen, wird am 12.4. telefomisch berichtet, dass das Haus durch SA-Leute blockiert würde, die mit den bekannten Schildern im Eingang stehen. Die Geschäftsleitung in Ludwigshafen hat sogleich die Regierung in Speyer verständigt, die zugesagt hat, für Abhilfe zu sorgen. Das Haus ist trotz dieses Versprechens noch besetzt.

1294160

43

Nationalsozialistische Deutsche Arbeiterparte

Reichsleitung

Reichsgeschäftsstelle:
München, Briennerstraße 45
Briefanschrift: München 43, Briefach 80
Telefon-Nummern: 54901, 58344 u. 56081
Postscheckkonto München 23319

Kampfzeitung d. Partei: „Völkischer Beobachter"
Geschäftsstelle der Zeitung: Thierschstraße 11
Telefon-Nummer 20647
Schriftleitung: Schellingstraße 39
Telefon-Nummer 20801 Postscheckkonto 11346

<u>Der Stellvertreter des Führers.</u>

An alle Herren Reichsleiter und Gauleiter.

Dem Vernehmen nach hat die N.S.-Hago an verschiedenen Stellen des Reiches eine Boykottbewegung gegen jüdische Geschäfte für die Osterzeit vorgesehen. Plakate, Fackelzüge und Sprechchöre sollen für den Boykott werben.

Der Führer hat keinerlei Weisung für einen neuerlichen Boykott jüdischer Geschäfte gegeben. So schwerwiegende Aktionen mit ihren Rückwirkungen im Ausland dürfen nach wie vor nur auf Befehl des Führers vonstattengehen.

Ich bitte Sie daher, Sorge zu tragen, dass jegliche Propaganda für einen derartigen Boykott unterbleibt.

München, 19.3.34.

H e i l H i t l e r !

gez. Rudolf H e s s .

F.d.R.:
(v.Wulffen).

Höflichkeitsformeln fallen bei allen parteiamtlichen Schreiben weg.

Telegraf am Mittag — 26. Juli 1935 — Seite 3

Die neuen Pogrome in Berlin

Berlin. (Fernspruch des „Telegraf".)

Wie bereits gemeldet, kam es in den letzten Tagen zu neuerlichen Ausschreitungen in Berlin, die auch diesmal ihren Ausgang vom Westen nahmen. Eine große Synagoge des Westens — der Tempel in der Fasanenstraße nahe dem Kurfürstendamm, der schon wiederholt von Nazi heimgsucht wurde — wurde von einem großen Nazitrupp „besucht". Die Eindringlinge beschmierten die Wände des Tempels und die Gebetstühle mit Inschriften, wie „Juda verrecke!, „Parasiten und notorische Verbrecher" und ähnlichem.

Auch ein Café in der Flensburgerstraße, dessen Eigentümer ein Jude ist, wurde von einem Nazitrupp aufgesucht. Der Mob zerstörte die Marmortische, zerschlug die Fensterscheiben, bombardierte den Besitzer unter höhnischen Zurufen mit Blumenstöcken und trieb die anwesenden jüdischen Gäste auf die Straße, wo sie mit ordinärsten Sprechchören empfangen wurden.

Immer öfter hört man die von Streicher in Umlauf gesetzte Forderung: „Die Juden gehören ins Ghetto!"

Selbstmord eines „jüdischen Aufrührers"

Tragisch ist das Schicksal eines jungen Juden namens Kurt Heilbrunn, der kürzlich in Hamburg verhaftet wurde. Man legte ihm fälschlich zur Last, daß er durch sein „radikales Auftreten" die Menge zu Ausschreitungen gegen die Juden veranlaßt habe. In Wirklichkeit war Heilbrunn eines der Opfer der, sagen wir „sonderbaren", polizeilichen Maßnahmen im Dritten Reich. Er wurde im Verlauf eines Pogroms als „Schuldiger" verhaftet, während seine Angreifer völlig unbehelligt blieben.

Nun hat sich Heilbrunn am Dienstag aus dem Fenster des dritten Stockwerkes des Untersuchungsgefängnisses in Hamburg auf die Straße gestürzt. Er blieb auf der Stelle tot.

Deutschland

Die antisemitische Aktion

Berlin, 30. Juli. (Tel. der „United Preß".) In gut unterrichteten Kreisen rechnet man mit der baldigen Herausgabe eines Zuzugsverbots für Juden nach Berlin, das als einer der nächsten Schritte im antisemitischen Feldzug gegenwärtig von den Behörden erwogen werde. Nach amtlichen Statistiken sind während der letzten zwei Jahre gegen 20 000 Juden aus der Provinz nach Berlin zugewandert, während nur 2000 Juden Berlin verlassen hätten Das Leben ist in der Millionenstadt für Juden heute leichter als in der Provinz, wo sie mehr auffallen und mehr und mehr dem aggressiven Antisemitismus ausgesetzt sind.

Die Parteistellen dementieren bei jeder Gelegenheit die Gerüchte, daß der antijüdische Feldzug beendet sei. Es wird vielmehr erklärt, daß nur die „Einzelaktionen" unterbunden werden sollen, während Staat und Partei den Kampf energisch weiterbetreiben würden. Vorläufig gehen aber die Einzelaktionen weiter, und jetzt haben auch zahlreiche Orte an der Mosel und in der Eifel Zuzugsverbote erlassen.

30. 693

Staatspolizeistelle
für den Reg.Bez. Münster
I/IC 54^{01} Br.B.Nr. 71/35 Geh.

Recklinghausen, den 6. Juni 1935.

Geheim! Einschreiben!

An das

Geheime Staatspolizeiamt

\- Zimmer 302 -

in Berlin SW. 11.

Betrifft: Lagebericht für den Monat Mai 1935 (allgemeine Übersicht zum Tagesbericht vom 5. eines jeden Monats).

Bezug: Erlasse vom 23.12.33 - I A 2/7 - 105, vom 1.3.34 - I A 2/7 - 3 40 - und vom 7.6.34 - B. 19479 II 1 A - sowie Funkspruch Nr. 177 vom 22.6.34 - 18726 II 1 -.

3 Anlagen:

a) Anlage 1: Übersicht über die festgenommenen Personen,

b) Anlage 2: Nachweisung über Zersetzungstätigkeit in der Schutzpolizei usw.,

c) Anlage 3: Zusammenstellung über erfaßtes Druckschriftenmaterial.

1.)

817

- 46 -

737

7.) Juden und Freimaurer.

Die Freimaurer sind in letzter Zeit nicht besonders in Erscheinung getreten.

Die Versammlungstätigkeit der jüdischen Vereine war im Berichtsmonat wieder ganz besonders rege. In verschiedenen Orten wurden Vorträge und Kulturabende abgehalten, die sich fast durchweg eines sehr regen Zuspruchs zu erfreuen hatten.

Wie in den meisten Orten des Reiches so ist auch im hiesigen Bezirk in den letzten Wochen das Judenproblem wiederum in den Brennpunkt des allgemeinen Interesses getreten. Überall machte sich eine verstärkte Propaganda gegen das Judentum, ganz besonders aber gegen die jüdischen Geschäftsleute, bemerkbar. Diese gegen das jüdische Element gerichtete Propaganda fand ihren Ausdruck in der Aufstellung von Stürmerkästen, in Aufforderungen zum Boykott jüdischer Läden und vereinzelt auch in Ausschreitungen gegen jüdische Geschäfte. So wurde am 20.5.35 in Südlohn von 2 SA-Leuten die Schaufensterscheibe eines jüdischen Geschäftes eingeschlagen und am selben Tage das Haus eines jüdischen Kaufmanns in Ahaus mehrfach beschädigt. Ferner wurden Anfang Mai auf dem Judenfriedhof in Dülmen mehrere Grabdenkmäler umgeworfen und beschädigt und dem im gleichen Ort ansässigen holländischen Juden Davidsohn eine Schaufensterscheibe eingeworfen.

Nach den vorliegenden Berichten sind die in den Grenzbezirken erfolgten Ausschreitungen gegen Juden von verschiedenen holländischen Zeitungen zum Gegenstand einer erneuten Hetze gegen Deutschland gemacht worden. Ferner sollen auch die in einer Reihe von an der Grenze liegenden deutschen Orten aufgestellten Tafeln mit antisemitischen Inschriften bei den im Grenzgebiet verkehrenden Holländern starken Anstoß ~~erregt~~ und die geschäftlichen Beziehungen mit Holland stark beeinträchtigt haben.

Während die katholische Bevölkerung kein rechtes Verständnis dafür hat, daß in letzter Zeit die Judenfra-

ge

~~818~~ 738

- 46 -

ge wieder so stark in den Vordergrund gestellt wird und aus ihrer religiösen Einstellung heraus auch die Art des Kampfes gegen die Juden nicht billigt, ist in weiten Kreisen der Bewegung, insbesondere auch der SA., die Ansicht vorherrschend, daß jetzt die Zeit gekommen sei, die Judenfrage restlos zu lösen. Man will - wie man sich ausdrückt - das Judenproblem von unten aus aufrollen und in Angriff nehmen und glaubt, daß die Regierung dann folgen muß. Unter diesen Umständen haben naturgemäß die Behörden einen sehr schweren Stand, da insbesondere dem vom Reichswirtschaftsministerium vertretenen Standpunkt der wirtschaftlichen Gleichberechtigung der Juden in der Parteigenossenschaft nicht das geringste Verständnis entgegengebracht wird.

Nach den gemachten Erfahrungen ist die Art des Kampfes, wie sie augenblicklich propagiert wird, allerdings in keiner Weise geeignet, die Juden wirksam zu bekämpfen, da trotz aller Boykottaufforderungen nach wie vor in den jüdischen Geschäften gekauft wird. Leider muß immer wieder die Feststellung gemacht werden, daß die Frauen von Parteigenossen, ferner auch viele Beamte und selbst Angehörige der Bewegung noch in jüdischen Geschäften kaufen. Von dieser Seite allein kann das Judenproblem mit Erfolg gelöst werden, d.h. jeder Parteigenosse muß so erzogen werden, daß er aus innerster Überzeugung die jüdischen Geschäfte meidet und auf seine Angehörigen im gleichen Sinne einwirkt. Solange dies nicht der Fall ist, wird man auch nicht erreichen, daß die Arbeiterbevölkerung, die infolge ihres geringen Einkommens die billigeren jüdischen Geschäfte bevorzugt, nicht mehr bei den Juden kauft.

Besondere Beachtung muß den jüdischen Hausierern geschenkt werden, die insbesondere bei den Bauern, die dem Nationalsozialismus besonders schwer zugängig sind, staatsfeindliche Propaganda treiben. Hier müßte eine Versagung des Wandergewerbescheines bezw. der Legitimationskarte allgemein für Nichtarier möglich sein.

e.) <u>Ausland:</u> Nichts.

gez.: Dr. Fischer.

Beglaubigt:
Fest
Kriminal-Assistent.

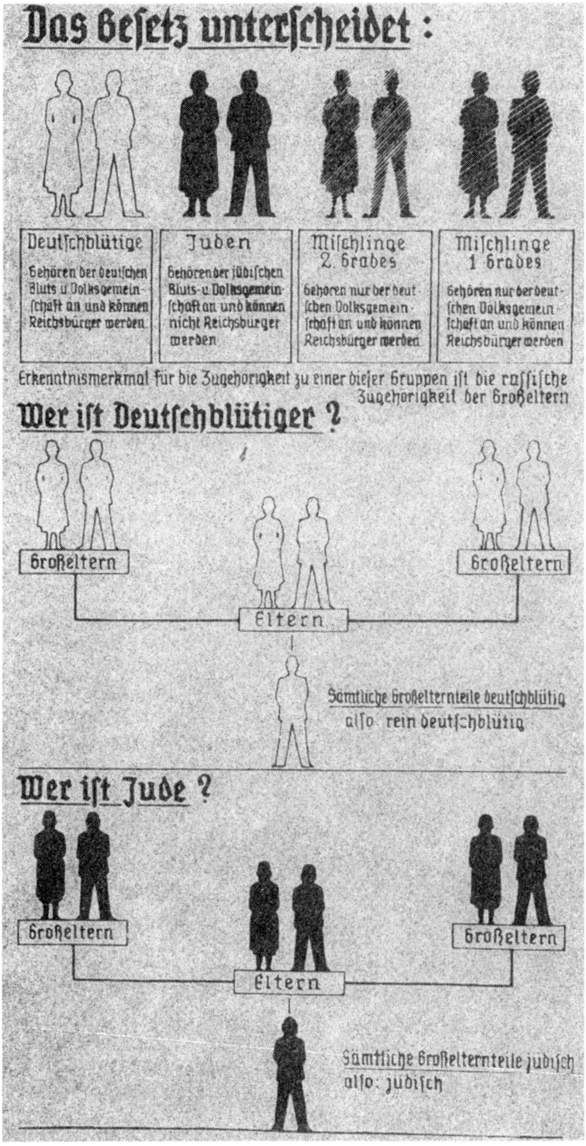
Das Gesetz unterscheidet:
Deutschblütige
Gehören der deutschen Bluts u. Volksgemeinschaft an und können Reichsbürger werden
Juden
Gehören der jüdischen Bluts- u. Volksgemeinschaft an und können nicht Reichsbürger werden
Mischlinge 2. Grades
Gehören nur der deutschen Volksgemeinschaft an und können Reichsbürger werden
Mischlinge 1 Grades
Gehören nur der deutschen Volksgemeinschaft an und können Reichsbürger werden
Erkenntnismerkmal für die Zugehörigkeit zu einer dieser Gruppen ist die rassische Zugehörigkeit der Großeltern
Wer ist Deutschblütiger?
Großeltern
Großeltern
Eltern
Sämtliche Großelternteile deutschblütig
also: rein deutschblütig
Wer ist Jude?
Großeltern
Großeltern
Eltern
Sämtliche Großelternteile jüdisch
also: jüdisch

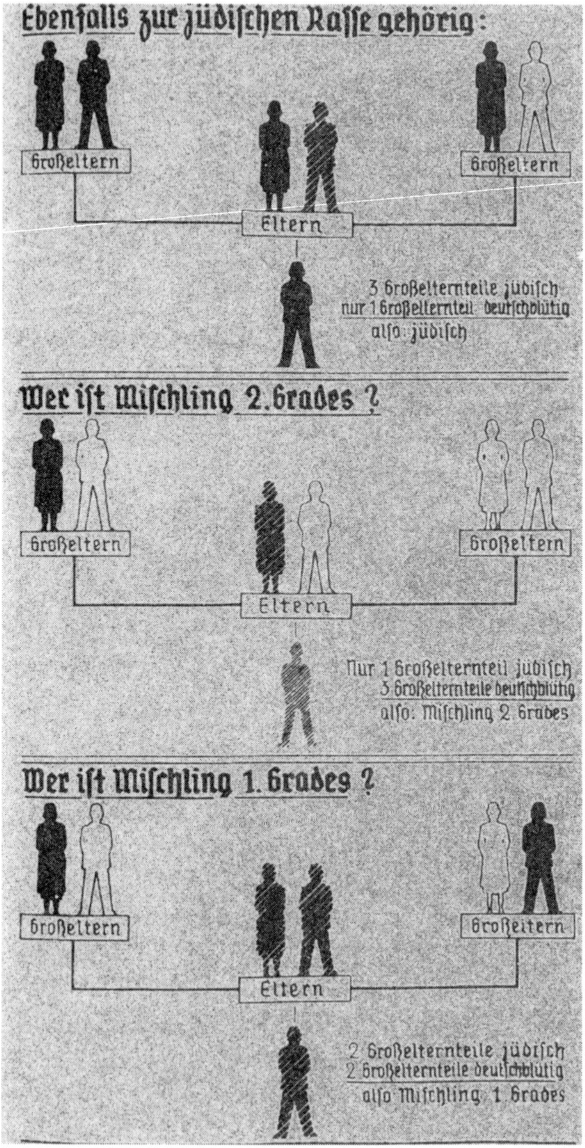
Ebenfalls zur jüdischen Rasse gehörig:
Großeltern
Großeltern
Eltern
3 Großelternteile jüdisch
nur 1 Großelternteil deutschblütig
also: jüdisch
Wer ist Mischling 2. Grades?
Großeltern
Großeltern
Eltern
Nur 1 Großelternteil jüdisch
3 Großelternteile deutschblütig
also: Mischling 2. Grades
Wer ist Mischling 1. Grades?
Großeltern
Großeltern
Eltern
2 Großelternteile jüdisch
2 Großelternteile deutschblütig
also Mischling 1. Grades

Anlage Nr. 7

Gesetz zum Schutze des deutschen Blutes
und der deutschen Ehre.

Vom 15.September 1935.

Durchdrungen von der Erkenntnis, daß die Reinheit des deutschen Blutes die Voraussetzung für den Fortbestand des Deutschen Volkes ist, und beseelt von dem unbeugsamen Willen, die Deutsche Nation für alle Zukunft zu sichern, hat der Reichstag einstimmig das folgende Gesetz beschlossen, das hiermit verkündet wird:

§ 1

(1) Eheschließungen zwischen Juden und Staatsangehörigen deutschen oder artverwandten Blutes sind verboten. Trotzdem geschlossene Ehen sind nichtig, auch wenn sie zur Umgehung dieses Gesetzes im Ausland geschlossen sind.
(2) Die Nichtigkeitsklage kann nur der Staatsanwalt erheben.

§ 2

Außerehelicher ~~Geschlechts~~verkehr zwischen Juden und Staatsangehörigen deutschen oder artverwandten Blutes ist verboten.

§ 3

Juden dürfen weibliche Staatsangehörige deutschen oder artverwandten Blutes unter 45 Jahren in ihrem Haushalt nicht beschäftigen.

§ 4

(1) Juden ist das Hissen der Reichs- und Nationalflagge und das Zeigen der Reichsfarben verboten.
(2) Dagegen ist ihnen das Zeigen der jüdischen Farben gestattet. Die Ausübung dieser Befugnis steht unter staatlichem Schutz.

Gesetz zum Schutze des deutschen Blutes und der deutschen Ehre. 15. Sept. 1935. (Reichsarchiv Potsdam.)

§ 5

(1) Wer dem Verbot des § 1 zuwiderhandelt, wird mit Zuchthaus bestraft.

(2) Der Mann, der dem Verbot des § 2 zuwiderhandelt, wird mit Gefängnis oder mit Zuchthaus bestraft.

(3) Wer den Bestimmungen der §§ 3 oder 4 zuwiderhandelt, wird mit Gefängnis bis zu einem Jahr und mit Geldstrafe oder mit einer dieser Strafen bestraft.

§ 6

Der Reichsminister des Jnnern erläßt im Einvernehmen mit dem Stellvertreter des Führers und dem Reichsminister der Justiz die zur Durchführung und Ergänzung des Gesetzes erforderlichen Rechts- und Verwaltungsvorschriften.

§ 7

Das Gesetz tritt am Tage nach der Verkündung, § 3 jedoch erst am 1.Januar 1936 in Kraft.

Nürnberg, den 15.September 1935,
am Reichsparteitag der Freiheit.

Der Führer und Reichskanzler.

Adolf Hitler

Der Reichsminister des Jnnern.

Frick

Der Reichsminister der Justiz.

Dr. Gürtner

Der Stellvertreter des Führers.

R. Heß.

Ostern 1937

Wieder im Elternhaus. Es war furchtbar in der kleinen Stadt, ein richtiges Spießrutenlaufen. Ins Geschäft trauten sich die arischen Käufer nicht mehr, sie benutzten abends den Privateingang. Vater zeigt auf die eingeschlagenen Kellerfenster, den demolierten Gartenzaun: »Ich lasse es nicht reparieren«, sagt er. »Sie sollen es sehen, so oft sie vorbeigehen und sich schämen«, sagt er. Die und sich schämen! Die Eltern grämen sich furchtbar, aber sie zeigen es nicht, wir auch nicht.

Im Zug nach Nürnberg war auf der Rückreise ein Nazi im Abteil. Ich habe von ihm und seinem Parteiabzeichen keinerlei Notiz genommen. Plötzlich spricht er mich an. »Wohin ich fahre?« »Sie sind doch keine Berlinerin, Sie sind doch eine von uns«, damit meint er aus der Schwabenheimat. Ich sage: »Sie nennen mich ›eine von uns‹ und doch ich gehöre nicht zu Ihnen, trotzdem meine Familie schon über 200 Jahre hier ansässig ist. Ihr Führer möchte mich ja am liebsten nach Palästina schicken.« »Das hätte ich nicht gedacht«, stammelte er immer wieder, »das hab ich noch nie bedacht« – kopfschüttelnd ist er in Treuchtlingen umgestiegen.

Und ich – ich fuhr nach Marienbad. Einmal wieder hinaus aus dem deutschen Land der Unfreiheit! Aber ich fühlte mich nicht wohl in dieser Atmosphäre trotz vieler bekannter Gesichter!

Man hatte mich gleich gewarnt: Viele Spitzel in Marienbad, in der Leihbibliothek sollte ich meinen Namen nicht angeben, falls ich in Deutschland verbotene Bücher lesen wollte etc. [. . .]

Patienten aus Berlin. Baron X. mit Frau, gute Freunde von mir. Ich bat sie, auf der Promenade nicht mit mir zu sprechen, ihretwegen, der Gefahr heimlich geknipst und mit mir im Stürmer abgebildet zu werden, wollte ich sie nicht aussetzen.

Vaters Vetter aus Kalifornien war in Karlsbad. Ich habe ihn besucht und ernst mit ihm gesprochen. »Eßt doch Euer Geld in Deutschland auf, dann könnt Ihr immer noch hinüberkommen.« Er ist wohl doch zu alt, zu krank, hat zu viel im Kopf, um zu erfassen, daß wir nicht unser Geld aufessen wollen oder können. Hinaus wollen wir, aber wer hilft uns?

Tiroler Kostüme für Juden verboten.

Berlin, 21. Juni. (Privattel.) Durch eine Verordnung des Wiener Innenministeriums ist für den Bereich der Polizeidirektion Salzburg Juden das Tragen von alpenländischen Kleidern verboten worden. Hierzu werden weiße Strümpfe, Dirndlkleider, Lederhosen usw. gerechnet.

Trachtenverbot für Juden

Zeichnung: Dogner

Die einzige Tracht, die man solchen Typen zugestehen soll, ist eine Tracht Prügel!

Aus den »Deutschland-Berichten« der Exil-SPD, Juli 1938

Die Frage nach den Beweggründen der neuen, mit maßloser Brutalität durchgeführten Judenverfolgung, ist schwer zu beantworten. Richtig ist, daß die Diktatur, um ihre Propagandamaschinerie in Schwung zu halten und die wachsenden wirtschaftlichen Schwierigkeiten zu erklären, einen Feind braucht. Nichts ist bequemer und gefahrloser, als »Alljuda« als diesen Feind hinzustellen. Aber diese Erklärung reicht nicht aus, zumal es nicht den Anschein hat, als bemühe man sich darum, wenigstens einige »Feinde« dieser Art im Lande festzuhalten, um sie in Zukunft für alle Schwierigkeiten verantwortlich machen zu können. Vielmehr scheint es das Regime auf die völlige Vertreibung der Juden abgesehen zu haben.

Die Einnahme, die dem Reich aus der Beschlagnahme jüdischer Vermögen erwächst, wird zwar im Augenblick dringend gebraucht, aber ihre Bedeutung darf nicht überschätzt werden. Das jüdische Kapital ist bereits weitgehend zerstört und durch die Arisierung werden Unternehmungen, die vordem Gewinn abwarfen, häufig in Verlustbetriebe verwandelt.

Schließlich ist die Judenvertreibung auch ein Teil der deutschen Kriegsvorbereitungen. Das Regime kann sich im Kriegsfall auf die Juden nicht verlassen. Alle 400 000 Juden aber einzusperren oder abzuschlachten, ist schwer möglich. Deshalb ist es das beste, wenn die Juden, so schnell es geht, aus dem Lande getrieben werden. Aber auch dieser Gesichtspunkt kann nicht allein ausschlaggebend sein. Denn das Regime könnte die Auswanderung der Juden außerordentlich beschleunigen, wenn es die steuerlichen und devisenrechtlichen Auswanderungsbestimmungen auch nur ein wenig erleichtern würde.

Man wird sich damit abfinden müssen, daß die Suche nach rein rationalen Beweggründen an eine Grenze stößt. Einige der Gesetze und Verfügungen, die wir im folgenden aufzählen, können nur von einem wütenden Rassenhaß diktiert sein, der sich jeder vernunftmäßigen Deutung entzieht. Die Sucht, ohne Unterlaß auf Besiegte und Wehrlose einzuschlagen, eine Sucht, die der Nationalsozialismus übrigens nicht nur den Juden gegenüber an den Tag legt, ist für den objektiven Beobachter unfaßbar. Es bleibt nichts anderes übrig, als ihr Vorhandensein festzustellen, und ihre jeweiligen Wirkungen zu registrieren. [...]

Nach der Judenhetze in Berlin hat der Kampf gegen die Juden in Köln wieder neuen Auftrieb erhalten. Köln hat sich während der letzten fünf Jahre immer durch ganz besonders rigorose Feldzüge gegen die Juden ausgezeichnet. Jetzt geht man wieder gegen diejenigen los, die in jüdischen Geschäften kaufen. Es gibt nämlich, oder es gab bis vor kurzem, noch eine ganze Anzahl jüdischer Geschäfte, die gut gingen, weil ein Teil des Volkes schon aus Gegnerschaft gegen den Nazismus beim Juden kaufte. Nun soll damit auch radikal Schluß gemacht werden. Besonders will man jetzt endgültig die Geschäfte rund um das Rathaus und in den engen Straßen, die zum Rhein hinabführen, »ausräuchern«.

Der Reichsführer-SS
und
Chef der Deutschen Polizei
im Reichsministerium des Innern

S-V 7 Nr. 2295/38 - 509 -27.
Bitte in der Antwort vorstehendes Geschäftszeichen und Datum anzugeben.

Berlin SW 11, den 29. Oktober 1938.
Prinz-Albrecht-Straße 8
Fernsprecher: 12 0040

63

S.Ang.v. 5/11.

Hrn. MinDir. Dr. Meerwald

Hrn. MinDir. Kritzinger

Betr.: Aufenthaltsverbot für Juden polnischer Staatsangehörigkeit.

Die polnische Regierung erliess am 6.10. 1938 und veröffentlichte am 15.10.38 eine Verordnung, wonach alle Auslandspässe zu ihrer Weitergeltung einen Kontrollvermerk besitzen müssen. Auslandspässe, die diesen Vermerk nicht aufweisen, berechtigen nicht mehr zum Übertritt in das polnische Staatsgebiet. Mit dieser Verordnung beabsichtigte die polnische Regierung offensichtlich, den zahlreichen im Ausland - insbesondere in Deutschland - lebenden polnischen Juden die Rückkehr nach Polen unmöglich zu machen. Praktisch würde dies bedeuten, dass etwa 70 000 polnische Juden im Reichsgebiet dauernd im Inland geduldet werden müssen.

Das Auswärtige Amt hat am 26.10.38 die deutsche Botschaft in Warschau angewiesen, sofort bei der polnischen Regierung Vorstellungen zu erheben und eine bindende Erklärung zu verlangen, dass die polnische Regierung Inhaber polnischer

An den Herrn
Chef der Reichskanzlei
Reichsminister
Dr. Lammers
Berlin W 8
Wilhelmstrasse

373329

- 2 -

Pässe aus Deutschland nach Polen übernehme, auch wenn sie diesen Vermerk nicht führen. Die deutsche Regierung sähe sich vorsorglich genötigt, sofort mit kürzester Frist alle polnischen Juden aus dem Reichsgebiet zu verweisen.

Im Vollzug dieser Weisung an die deutsche Botschaft wurden auf Veranlassung des Auswärtigen Amtes die Ausländerpolizeibehörden angewiesen, sofort im grossen Umfang gegen Juden polnischer Staatsangehörigkeit Aufenthaltsverbote für das Reichsgebiet zu erlassen. Als Frist zum Verlassen des Reichsgebietes wurde der 29. Oktober 1938 bestimmt, weil mit dem Ablauf des 29.1o.38 die polnische Passverordnung in Kraft tritt. Im Laufe des 28./29.1o.38 wurden daraufhin im ganzen Reich etwa 15 ooo polnische Juden - namentlich männliche Erwachsene - in Abschiebungshaft genommen und in Sondertransporten an die polnische Grenze verbracht.

Trotzdem diese polnischen Juden im Besitz gültiger polnischer Pässe waren und die polnische Passverordnung erst mit dem 3o.1o.38 in Kraft tritt, wurde die Übernahme der polnischen Juden von den polnischen Grenzpolizeibehörden - offensichtlich auf Weisung von Warschau hin - beim Grenzübertritt nach Polen verweigert. Durch die Zusammenballung tausender

373330

- 3 -

64

polnischer Juden in wenigen Grenzorten an der deutsch-polnischen Grenze entstanden teilweise sehr unerfreuliche Zustände. In der Nacht vom 28. auf den 29.1o.38 gelang es, etwa 12 ooo polnische Juden teils über die Grenzübergangsstellen, teils über die grüne Grenze nach Polen abzuschieben.

Die polnische Regierung erliess im Laufe des heutigen Nachmittags Weisungen, die Reichsdeutschen aus Posen und Pommerellen gleichfalls mit sofortiger Wirkung als Repressalie aus Polen auszuweisen. Ein Überblick über den Umfang dieser Massnahmen kann im Augenblick noch nicht gegeben werden, weil bisher Transporte an der deutschen Grenze noch nicht eingetroffen sind. Nach Mitteilung von deutschen Grenzpolizeidienststellen sollen sich diese Gegenmassnahmen der polnischen Regierung jedoch auf die Ausweisung von reichsdeutschen Juden beschränken.

Die inzwischen vom Auswärtigen Amt mit der polnischen Regierung geführten diplomatischen Verhandlungen hatten das Ergebnis, dass beide Regierungen vereinbarten, von der Abschiebung der beiderseitigen Staatsangehörigen abzusehen. Über die Frage der Behandlung der polnischen Juden sollen Anfang nächster Woche deutsch-polnische Verhandlungen in Warschau stattfinden. Im Vollzug dieser Vereinbarung sind die deutschen Grenzpolizeibehörden angewiesen worden, von

373331

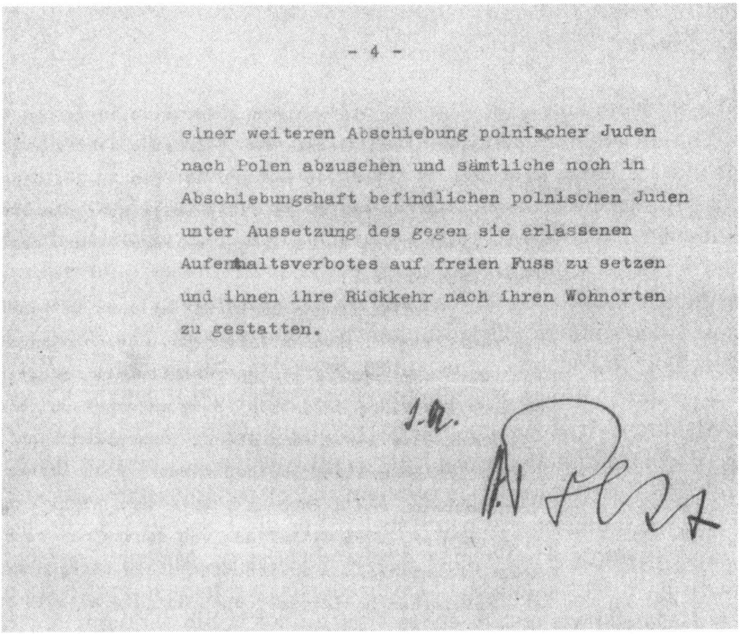

- 4 -

einer weiteren Abschiebung polnischer Juden nach Polen abzusehen und sämtliche noch in Abschiebungshaft befindlichen polnischen Juden unter Aussetzung des gegen sie erlassenen Aufenthaltsverbotes auf freien Fuss zu setzen und ihnen ihre Rückkehr nach ihren Wohnorten zu gestatten.

Dr. Werner Best, der dieses Schreiben abgezeichnet hat, war zur fraglichen Zeit SS-Oberführer und Chef des Amtes I (Verwaltung und Recht) im Hauptamt Sicherheitspolizei, nach Bildung des Reichssicherheitshauptamtes im September 1939 ebenfalls Amtschef I, 1940–1942 Kriegsverwaltungschef beim Militärbefehlshaber in Frankreich und dann bis 1945 Bevollmächtigter des Deutschen Reiches in Dänemark.

Postkarte Berta (Beile) Grynszpans vom 31. 10. 1938 an Hermann (Herschel) Grynszpan

»Lieber Hermann

Von unserem großen Unglück hast du sicher gehört. Ich will dir genau schildern, wie das vorgegangen ist. Donnerstag abend hat man rumgesprochen das man alle poln. Juden in einer Stadt ausgewiesen hat. Jedoch wollten wir das nicht glauben. Donnerstag abend um 9 Uhr ist ein Sipo [Sicherheitspolizist] zu uns gekommen und sagte wir müssen zur Polizei und die Pässe mitbringen. So wie wir gestanden sind wir alle zusammen mit dem Sipo zur Polizei gegangen. Dort war schon ziemlich unser Revier versammelt.

Von dort hat man uns alle im Polizeiauto nach Rusthaus [Großgaststättenbetrieb in Hannover] gefahren. Dorthin hat man alle gebracht. Man hatte zwar nicht gesagt was los ist, aber wir haben gesehen das wir fertig sind. Jedem hat man dann einen Ausweis [d. h. vermutlich Ausweisungsbefehl] in die Hand gedrückt[,] bis zum 29.[Oktober] mußte man das Land verlassen. Man hat uns nicht mehr nach Hause gelassen. Ich habe gebettelt man soll mich nach Hause lassen wenigstens etwas Zeug zu holen. Bin dann mit einem Sipo gegangen und habe in einem Koffer die nötigsten Kleidungsstücke gepackt. Und das ist alles was ich gerettet habe. Wir sind ohne Pfennig Geld. [Folgende Passage gestrichen, vermutlich: Kannst du oder Onkel nicht etwas nach Lodz für uns schicken.] Fortsetzung nächstes mal.

Grüsse und Küsse von alle

Berta.«

Postkarte Sindel Grynszpans vom 7. 11. 1938 an Hermann (Herschel) Grynszpan

»Lieber Hermann

Deinen lieben Brief haben wir erhalten. Bis heute hat sich an unserer traurigen Lage noch nichts geändert. Nun will ich weiterschildern. Vom Rusthaus hat man uns nicht mehr nach Hause gelassen. Freitag abend um ½ 10 Uhr sind wir dann alle von Hannover abgefahren. Ein Geschrei, ein Gejammer war das. Tote hätte es wecken können. Unser Geschrei half aber nichts. Schabes früh hat man uns auf dem freien Feld abgesetzt. Ein nervenzerreißender Anblick war das wie man uns durch Wald u. Feld gejagt. Dann mußten wir in Baracken. Wer Geld hat wohnt privat. Ein Komitee von Warschau ist hier. Die Leute tun für uns was sie können. Wir werden notdürftig verpflegt. Wir schlafen auf Strohsäcken. Decken haben wir bekommen. Aber glaub nur, lieber Hermann, lange kann man das nicht mehr aushalten. Seit wir fort sind ist das Zeug noch nicht von unserem Leibe gewesen. Tante Sure ist geblieben [,] sie ist staatenlos. Tante Ida ist hier. Onkel Schlojme liegt im Krankenhaus. Er ist auf dem Auge operiert. Er ist auch geblieben. Er ist unsere einzigste Hoffnung wenn er mit Gottes Hilfe gesund ist

Es steht alles unter Aufsicht der jüd. Gemeinde. Geld haben wir von dir bis jetzt noch nicht erhalten. Was hört man dort was mit uns sein wird. Wir können nicht weiter. Wenn du antwortest, schicke bitte mit Antwortkarte. Viele herz. Grüsse und Küsse von alle.

Lieber Bruder u. Schwägerin. Wir befinden uns [in] einer sehr traurigen Lage. Arm und elend sind wir. Wir haben nicht richtig zu essen. Du warst auch mal in Not. Ich bitte dich lieber Bruder, gedenk an uns. Wir haben kein [Wort unklar] auszuhalten. Du sollst an uns in dieser Lage nicht vergessen. Viele herzl. Grüsse von uns alle

Sindel.«

2. Das Attentat Herschel Grynszpans auf Ernst vom Rath in Paris

»›Wenn der bloß nicht stirbt ...‹, mit diesem Satz begannen alle Gespräche, die Juden damals in der berechtigten Furcht führten, daß der Mord an vom Rath den Nazis sehr gelegen käme. [...] Damals wurde auch von einem homosexuellen Verhältnis des Herrn vom Rath mit Grynszpan gemunkelt.«

Inge Deutschkron: Ich trug den gelben Stern

Der Attentäter

Herschel Feibel Grynszpan wurde am 28. März 1921 als sechstes Kind der Eheleute Sendel und Rifka Grynszpan in Hannover geboren. Seine Eltern hatten 1911 ihre Heimat in Westrußland verlassen, um den Judenpogromen im Zarenreich zu entgehen. Nachdem die Unabhängigkeit Polens auf Grund des Versailler Vertrages wiederhergestellt war, nahmen beide die polnische Staatsangehörigkeit an.

In Hannover betrieb Sendel Grynszpan eine Schneiderei, die er jedoch mit Beginn der Weltwirtschaftskrise 1929 aufgeben mußte. Anschließend betätigte er sich im Altwarenhandel, dessen Erträge aber für den Lebensunterhalt ebensowenig hinreichten. In den Jahren 1933 und 1934 bezog Sendel Grynszpan für sich und seine Familie Wohlfahrtsunterstützung.[1] Wirtschaftliche Sorgen und verschiedene Krankheiten in der Familie Grynszpan führten dazu, daß neben Herschel nur zwei der sechs Kinder überlebten: Esther Beile (Berta), geboren 1916, und Markus, geboren 1919.

Herschel Grynszpan besuchte von 1927 bis 1935 die Volksschule I in Hannover, ohne allerdings die Abschlußklasse zu erreichen. Seine Lehrer bescheinigten ihm eine leichte Auffassungsgabe und ein gutes Gedächtnis, zugleich aber auch mangelnden Fleiß und Disziplinlosigkeit. Den Angaben der Lehrer zufolge soll er nur mit jüdischen Klassenkameraden Umgang gehabt haben; auch soll er sehr fromm gewesen sein.

Von Mai 1935 an besuchte Herschel Grynszpan die »Rabbinische Lehranstalt Jeschiwoh« in Frankfurt am Main. Diese Anstalt verfolgte das Ziel, »auf traditioneller gesetzestreuer Grundlage schulentlassenen Kindern Fortbildungsunterricht in den jüdischen Religionswissenschaften zu erteilen und junge Leute, die sich dem Berufe eines Rabbiners, Religionslehrers oder Kultusbeamten widmen wollen, durch Studium des biblisch-talmudischen Schrifttums für ihren Lebensberuf vorzubereiten, sowie daneben die Ausbildung in Lehrgegenständen der höheren Schule zu ermöglichen«.[2] Die auf fünf Jahre angelegte Ausbildung brach Herschel Grynszpan bereits nach elf Monaten ab. Im April 1936 kehrte er in die elterliche Wohnung nach Hannover, Burgstraße 36, zurück. Da er keiner beruflichen Tätigkeit nachging, war er auf Unterhalt durch seine Eltern angewiesen. Am 9. Juli 1936 beantragte Herschel Grynszpan beim Polizeipräsidium Hannover unter Vorlage seines polnischen Passes einen Sichtvermerk zur Wiedereinreise nach Deutschland. Er begründete den Antrag mit seiner Absicht, bei einer Tante in Brüssel die Einreiseerlaubnis nach Palästina abwarten zu wollen, die ihm wegen seiner körperlichen Schwäche verweigert worden sei (vgl. 2.1). Nur mit der Rückreisegenehmigung war zur fraglichen Zeit das Einreisevisum nach Belgien zu erhalten. Am 16. Juli 1936 erhielt er den Sichtvermerk zur Wiedereinreise in das Deutsche Reich, gültig bis zum 1. April 1937. Mit belgischem Einreisevisum fuhr er dann nach Brüssel, wo er jedoch nur kurze Zeit blieb. Folgt man den späteren Ermittlungen der französischen Polizei, soll Herschel Grynszpan bereits im August 1936 französisches Gebiet »heimlich betreten« haben, das heißt ohne gültige Einreise- und Aufenthaltserlaubnis.[3]

In Paris wurde er von seinem Onkel Abraham Grynszpan aufgenommen, der wie sein älterer Bruder Sendel den Beruf eines Schneiders ausübte. Als dieser ein Ladengeschäft für Damenkonfektion eröffnete, unterstützte ihn sein Neffe gelegentlich bei Einkäufen und anderen Besorgungen. Im übrigen ging Herschel Grynszpan keiner regelmäßigen Beschäftigung nach. Seit seiner Ankunft in Paris suchte er wohl auch weniger Arbeit als vielmehr Zerstreuung. Letztere soll er außer in Filmtheatern vornehmlich in Lokalen gefunden haben, die dem homosexuellen Milieu zugerechnet wurden.[4]

Währenddessen versäumte es Herschel Grynszpan, seinen Aufenthalt in Frankreich rechtzeitig zu legalisieren. Am 4. Oktober 1937 lehnte der Polizeipräsident in Hannover die beantragte Verlängerung der bis zum 1. April 1937 gültigen Wiedereinreisegenehmigung ab. Die Zweitausfertigung seines polnischen Passes, dessen Original ihm angeblich 1937 abhanden gekommen war, verlor Ende Januar 1938 ihre Gültigkeit. Am 8. Juli 1938 lehnte das französische Innenministerium sein Gesuch um Erteilung einer ständigen Aufenthaltsgenehmigung ab, weil er illegal nach Frankreich gekommen sei und über keine regelmäßigen Einkünfte verfüge.[5]

Bis zum 15. August 1938 hätte Herschel Grynszpan Frankreich verlassen müssen. Dem Ausweisungsbeschluß kam er jedoch nicht nach, sondern verblieb illegal in Paris. Sein Onkel brachte ihn heimlich in einer Mansarde des Hauses 8, rue Martel, unter.

Das Opfer

Ernst vom Rath wurde am 3. Juni 1909 in Frankfurt am Main als ältester der drei Söhne eines höheren Beamten geboren. Nach dem Abitur, das er 1928 in Breslau ablegte, studierte er Rechtswissenschaften an den Universitäten Bonn, München und Königsberg. Im Frühjahr 1932 bestand er das erste juristische Staatsexamen und war danach vorübergehend als Gerichtsreferendar tätig. Am 14. Juli 1932 trat er – wie so viele seiner Altersgenossen – der NSDAP und im April 1933 der SA bei[6] (vgl. 2.2).

Dem Auswärtigen Dienst gehörte Ernst vom Rath seit 1934 an. Ein Jahr des Vorbereitungsdienstes (1935/36) absolvierte er als persönlicher Sekretär des Botschafters Roland Köster, seines Onkels, in Paris. Im April 1936 kehrte er in die Berliner Zentrale zurück, um sich dort auf die diplomatisch-konsularische Prüfung vorzubereiten, die er am 24. Juni 1936 bestand.

Anschließend wurde Ernst vom Rath dem Generalkonsulat Kalkutta zugeteilt, wo er Ende 1936 seinen Dienst unter Generalkonsul Graf von Podewils-Dürnitz antrat. Doch schon ein Jahr später zwang ihn ein »Darmleiden«, zur Behandlung nach Deutschland zurückzukehren. Hans-Georg von Studnitz, ein weitläufiger Verwandter vom Raths, der auch dem Auswärtigen Dienst angehörte, bemerkte dazu in einem Nachruf vom 18. November 1938: »Nachrichten über seine geschwächte Gesundheit, die er ängstlich geheimzuhalten suchte, waren nicht ohne meine Mithilfe nach Hause gedrungen und hatten seine Vorgesetzten, die ihn als einen der Besten des Nachwuchses schätzten, veranlaßt, ihn aus Kalkutta abzuberufen.«[7]

Wesensart und Lebensgewohnheiten Ernst vom Raths schilderte dessen früherer Kollege Theodor Auer in einer Zeugenaussage vom 4. Februar 1939 gegenüber der französischen Justiz wie folgt: Er habe vom Rath kennengelernt, als dieser »zum erstenmal als Privatsekretär des damaligen Botschafters Köster, der sein Verwandter war, nach Paris kam. Vor seiner Ankunft übte ich die Funktion des Privatsekretärs aus, so daß ich ihn in seinen Dienst einzuführen hatte. Bei dieser Gelegenheit habe ich begonnen, seine großen Gaben, seine Liebenswürdigkeit und seinen angenehmen Charakter zu schätzen. Trotz des Altersunterschiedes bildete sich zwischen uns ein gewisser Grad von Freundschaft. Wir gingen manchmal des Abends gemeinsam aus und sahen uns tagsüber weiter häufig in unserem Dienst. Nach seinem Aufenthalt in Kalkutta kehrte Herr vom Rath im Laufe des Jahres 1938 nach Paris zurück. Unter seinen Kollegen kannte er mich am besten, und wir nahmen unsere freundschaftlichen Beziehungen wieder auf. Ich half ihm sogar, eine Wohnung zu finden, und beschaffte ihm eine Wirtschafterin für seinen Haushalt. Herr vom Rath war in Indien schwer krank gewesen, und seine Gesundheit war noch empfindlich. Er bedurfte der Pflege und namentlich einer besonderen Diät. Angesichts seines Gesundheitszustandes ging er des Abends selten aus, sein Privatleben war sehr ruhig. Er hatte wenig Bekanntschaften außerhalb seiner Kollegen von der Botschaft oder des diplomatischen Corps.

Herr vom Rath war von zurückhaltender, gesetzter Natur. Er war wenig mitteilsam und immer sehr gemäßigt in seiner Ausdrucksweise. Er zeigte niemals die geringste Leidenschaft oder Heftigkeit. Er war endlich sehr menschlich in seiner Art, alle etwa an ihn herantretenden Fragen zu behandeln oder zu lösen. In seinem Dienst war er beauftragt, die Besucher zu empfangen, deren Besuchszweck nicht genau bestimmbar war, um sie danach an die zuständige Abteilung zu verweisen.«[8]

Die Krankheit vom Raths wurde bislang immer als Magen- und Darmleiden oder als Ruhr hingestellt.[9] Neue Quellenfunde, darunter die eidesstattliche Erklärung einer jüdischen Ärztin, die den Patienten Ernst vom Rath in Berlin behandelt hat, werfen ein ganz neues Licht auf dessen Erkrankung und mittelbar auch auf die Hintergründe des Attentats vom 7. November 1938. Allein deshalb, um das Tatmotiv so weit wie möglich aufzuklären, soll im folgenden ein Teil der Krankengeschichte vom Raths offengelegt werden.

Nach eigenen Angaben war Dr. Sarella Pomeranz als Assistenzärztin im Röntgeninstitut Prof. Dr. Halberstaedter und Dr. Tugendreich, Berlin, Derfflingerstraße 21, von 1929 bis zu dessen Auflösung 1939 tätig. Folgt man ihrer eidesstattlichen Erklärung vom 25. August 1963, wurde Ernst vom Rath dem Röntgeninstitut »von Dr. Martin Gumpert wegen Mastdarmentzündung auf gonorrhoischer Basis zur Behandlung überwiesen«.

Im einzelnen erklärte die Ärztin: »Die Behandlung wurde von mir im obigen Institut ausgeübt, sie bestand in Kurzwellenbestrahlungen zur Behandlung gegen den entzündlichen Prozeß. Diese Behandlung galt damals als die hierfür wirksamste Heilmethode. Laut den Überweisungs-Anweisungen des Dr. Gumpert war die Krankheit durch homosexuellen Verkehr erworben. Ich habe dieses wegen der Persönlichkeit des Patienten bis heute noch in Erinnerung. Wir hatten in Berlin viele Patienten, die an Rectalgonorrhoe litten – dies wurde ausnahmslos durch homosexuellen Verkehr erworben.«[10]

Eine Überprüfung anhand der Berliner Adreßbücher von 1935 und 1938 bestätigt die Übereinstimmung von Namen und Anschriften der genannten Ärzte. Dr. med. Martin Gumpert war Facharzt für Haut- und Geschlechtskrankheiten in Berlin-Charlottenburg, Uhlandstr. 2.[11]

Nach den vorliegenden Erkenntnissen wählte Ernst vom Rath jüdische Ärzte zur Behandlung seiner aktuen Erkrankung, um einer Meldung oder Denunziation durch »arische« Ärzte zu entgehen, die das Ende seiner diplomatischen Laufbahn zur Folge gehabt hätte.[12]

Nach einer mehrmonatigen Kur in St. Blasien (Schwarzwald) trat Ernst vom Rath Anfang Juli 1938 seinen Dienst im Auswärtigen Amt wieder an. Am 13. Juli 1938 folgte dann seine Versetzung zur Botschaft Paris, wo er am 18. Oktober zum Legationssekretär ernannt wurde. In seinem letzten Brief vom 29. Oktober 1938 an Hans-Georg von Studnitz berichtete er über seine Rückkehr nach Paris: »Ich bin am 2. August hier angekommen und fand ziemlich bald eine nette kleine Wohnung hoch über den Dächern von Paris, mit einer wirklich phantastischen Aussicht. Im Dienst fand ich aus meinem Jahr 1935–36 an der Botschaft noch eine Reihe vertrauter Gesichter vor. Und auch sonst fühlte ich mich erstaunlich schnell wieder zu Hause. Ich mag die Stadt und Umgebung ja doch recht gern, hatte auch schöne Sommer- bzw. Herbsttage, die ich zu Fahrten mit dem Wagen benutzte. Theater, Konzerte, anregende Leute usw. sind mir nach der Kalkuttazeit ein doppelter Genuß.«[13]

Verlauf und Hintergründe des Attentats

Am 3. November 1938 erhielt Herschel Grynszpan eine Postkarte – mit Datum vom 31. Oktober – seiner Schwester aus der polnischen Grenzstadt Zbaszyn (Bentschen), die ihn über die Vertreibung seiner Familienangehörigen unterrichtete (vgl. oben, 1.18).

Diese Nachricht und die Berichte der Tageszeitung »La Journée Parisienne« über das Schicksal deportierter Juden hätten ihn, wie Herschel Grynszpan später bekundete, sehr beunruhigt und seinen Haß gegen die deutschen Behörden noch verstärkt.

Um die Not seiner Eltern und Geschwister zu lindern, bat er seinen Onkel um beschleunigte Geldüberweisung zu deren Gunsten nach

Polen. Als dieser darauf erklärte, daß zunächst genauere Nachrichten abgewartet werden müßten und er außerdem über keine größeren Geldmittel verfüge, soll Herschel ihm schwere Vorwürfe gemacht haben. Nach heftigen Auseinandersetzungen, in deren Verlauf er von seinem Onkel erfuhr, daß er jederzeit gehen könne, falls es ihm nicht mehr gefalle, verließ er am 6. November 1938 mit seinen Ersparnissen die Wohnung in der rue des Petites Ecuries, wohin er kurz zuvor mit Onkel und Tante umgezogen war.

Die Nacht zum 7. November verbrachte er im Hôtel de Suez. Dort habe er in seiner Ohnmacht beschlossen, aus Protest gegen die antijüdische Politik der deutschen Regierung und aus Rache für das unglückliche Schicksal seiner Angehörigen einen Vertreter der Deutschen Botschaft zu töten. Der Gedanke dazu habe ihn ergriffen, als er nachmittags bei einem Waffenhändler vorbeigekommen sei.[14]

Gegen 8.30 Uhr, nach dem Frühstück, verließ Herschel Grynszpan das Hotel und ging zum Waffengeschäft »A la fine lame« (Zur scharfen Klinge), auf das er schon am Tage zuvor aufmerksam geworden war, in der rue du Faubourg Saint-Martin. Für 245 Francs erwarb er einen Trommelrevolver mitsamt Patronen.

Dann begab er sich in das – ihm von früheren Besuchen vertraute – Lokal »Tout va bien« (Alles geht gut), das als Homosexuellen-Treffpunkt galt. Auf der Toilette lud er den Revolver und steckte ihn in die linke Jackentasche. Von dort fuhr er mit der Metro bis zur Station »Solferino«.

Gegen 9.30 Uhr erschien Herschel Grynszpan vor der Deutschen Botschaft, 78 rue de Lille. Er erklärte – dem Bericht des Botschafters Graf Welczeck vom 8. November 1938 zufolge –, »zwecks Abgabe eines wichtigen Dokuments ›einen Legationssekretär‹ sprechen zu wollen« (vgl. 2.3). Die in der Literatur verbreitete Auffassung, daß Herschel Grynszpan den Botschafter aufsuchen und ermorden wollte, läßt sich aus den zeitgenössischen Quellen *nicht* bestätigen. Weder die Berichte der Botschaft Paris aus den Jahren 1938 und 1939 noch die Zeugenaussagen der Botschaftsangehörigen vor dem französischen Untersuchungsrichter enthalten Hinweise, die die These vom versuchten Mordanschlag auf den höchsten Vertreter des Dritten Reiches in Frankreich stützen könnten.

Mit Schreiben vom 10. Januar 1939 berichtete die Botschaft Paris (Botschaftsrat Bräuer) an das Auswärtige Amt: »Im Falle Grünspan ist der Täter, als er am 7. November 1938 etwa um 9.30 Uhr das Botschaftsgrundstück betrat, von der Ehefrau des Pförtners Mathes [...] nach dem Zweck seines Besuches befragt worden. Er hat angegeben, daß er ein wichtiges Dokument an einen ›Sekretär‹ abzugeben habe. Da Frau Mathes gegen den Vorsprechenden keinen Verdacht schöpfte, verwies sie ihn an den diensttuenden Amtsgehilfen und zeigte ihm den Weg zur Eingangstür. Grünspan begab sich daraufhin nach dem Flureingang zu den Zimmern der Gesandtschaftsräte und Legationssekretäre, läutete an der Eingangstür und wurde dort von dem ihm öffnenden Hilfsamtsgehilfen Nagorka empfangen, dem er unter Nennung des Namens Grünspan die gleiche Angabe über den Grund seines Vorsprechens machte wie der Ehefrau des Pförtners Mathes. Nagorka forderte Grünspan auf, ihm das Dokument zur Weiterleitung zu übergeben, was Grünspan mit dem Bemerken ablehnte, das Dokument sei so wichtig, daß er unbedingt bei der Übergabe ein paar Worte dazu sagen müsse. Nagorka hat daraufhin Grünspan in das Wartezimmer geführt und sich alsdann, ohne daß er allerdings von Grünspan den vorgeschriebenen Anmeldevordruck hatte ausfüllen lassen, zum Legationssekretär vom Rath begeben und diesem den Besuch unter Namensnennung und unter Angabe des Besuchszwecks angemeldet. Herr vom Rath ließ Grünspan darauf durch Nagorka zu sich führen.«[15]

Auch der Amtsgehilfe Nagorka erklärte bei seiner Zeugenbefragung am 18. November 1938 vor dem Untersuchungsgericht in Paris, daß Herschel Grynszpan einen »Sekretär« zu sprechen wünschte. Bemerkenswert ist überdies Nagorkas Aussage, derzufolge Herr vom Rath ohne weitere Rückfragen gebeten hatte, Herschel Grynszpan eintreten zu lassen.[16] Diese Beobachtung und der Verzicht auf die vorgeschriebene Ausfüllung des Anmeldevordrucks lassen vermuten, daß Herschel Grynszpan dem Legationssekretär Ernst vom Rath bekannt war und infolgedessen ohne weiteres vorgelassen wurde.

Wenige Minuten später hörte Nagorka die Hilferufe vom Raths. Er lief sofort zurück und fand im Gang den angeschossenen Legationssekretär. Herschel Grynszpan, der nach Abfeuerung der Schüsse den Revolver weggeworfen hatte, ließ sich widerstandslos vom Amtsgehilfen Nagorka festnehmen und dem vor der Botschaft befindlichen Polizisten übergeben (vgl. 2.4).

Inzwischen bemühten sich der Attaché Ernst Achenbach und der Botschaftsrat Kurt Bräuer um den Verletzten. Auf die Frage, was vorgefallen sei, soll vom Rath geäußert haben, daß er Opfer eines Anschlags sei, verübt von einem Juden, der damit seine Glaubensgenossen rächen wolle, darunter insbesondere jene, die nach Polen abgeschoben worden seien[17]. Man brachte ihn in die Klinik de l'Alma, rue de l'Université, wo ihm nach einer Röntgenaufnahme die Milz entfernt und die durchschossene Magenwand vernäht wurde.

Am frühen Morgen des 8. Novembers trafen die von Hitler entsandten Ärzte, Prof. Dr. Georg Magnus und Dr. Karl Brandt (Hitlers Begleitarzt), in Paris ein. Nach einem ersten Besuch bei Ernst vom Rath gaben sie folgendes Bulletin heraus: »Der Zustand des Herrn Legationssekretärs vom Rath ist besonders wegen der Verletzung am Mageneingang ernst zu beurteilen. Der erhebliche Blutverlust durch die Milzzerreißung und deren Folgen läßt sich voraussichtlich durch weitere Blutübertragungen beherrschen. Die bestmögliche operative Versorgung und bisherige Behandlung durch Dr. Baumgartner, Paris, läßt Hoffnung auf den weiteren Verlauf zu.«

Das zweite Bulletin vom 8. November lautete: »Das Befinden des Herrn Legationssekretärs vom Rath hat sich zum Abend hin nicht gebessert. Es bestehen weiter ernste Besorgnisse. Die Temperatur ist hoch geblieben. Es finden sich jetzt Anzeichen einer beginnenden Kreislaufschwäche.«[18]

Trotz aller ärztlichen Bemühungen verstarb Ernst vom Rath am 9. November 1938 gegen 16.30 Uhr (vgl. 2.5), nicht zuletzt auch infolge seiner schon vor dem Attentat geschwächten Gesundheit.[19] Noch auf dem Krankenbett wurde er von Hitler zum Gesandtschaftsrat I. Klasse ernannt. Seine Beisetzung fand in Gegenwart Hitlers als Staatsbegräbnis am 17. November 1938 in Düsseldorf statt (vgl. 2.7). Die nationalsozialistische Propaganda stilisierte ihn zum politischen Märtyrer und ersten Blutopfer eines Kampfes, den das »Weltjudentum« gegen das Dritte Reich führe.[20]

Am 27. Dezember 1938 sandte die Deutsche Botschaft Warschau dem Auswärtigen Amt die Übersetzung des in der polnischen Zeitung »Czas« erschienenen Berichts über die Reaktion der Eltern Grynszpan auf den Mordanschlag ihres Sohnes in Paris. Die Eltern bekannten darin übereinstimmend, »daß sie sofort nach ihrer Entfernung aus dem Hause [in Hannover] und nach dem Transport ins Lager nach Bentschen ihm [Herschel] von allem, insbesondere von den polizeilichen Schikanen Kenntnis gaben. Beide sind auch davon überzeugt, daß diese Nachricht die Ursache der Mordtat war, denn wie ihnen der Sohn schrieb, soll Herr vom Rath ihrem Sohne die Einreise nach Deutschland verweigert haben. Gleichzeitig habe er ihm erklärt, daß sich seine Eltern nicht mehr in Hannover befänden, sondern nach Polen ausgewiesen worden seien.«[21]

Wenngleich der zitierte Brief Herschel Grynszpans an seine Eltern nicht überliefert ist, erlaubt der Bericht doch den Schluß, daß Grynszpan den Legationssekretär vom Rath schon vor dem 7. November 1938 um Hilfe bei der Beschaffung gültiger Dokumente zur Wiedereinreise nach Deutschland gebeten hatte. Die Plausibilität dieser Schlußfolgerung wird auch nicht dadurch gemindert, daß das Generalkonsulat in Paris – und nicht die Botschaft – Visaanträge bearbeitete. Immerhin konnte Herschel Grynszpan annehmen, daß Ernst vom Rath als höherer Beamter der Botschaft in der Lage gewesen wäre, ihm gültige Reisedokumente zu vermitteln – die er dringender denn je benötigte, wenn er Frankreich legal verlassen wollte.

Bestätigt wird diese Annahme durch Aussagen verschiedener Zeitzeugen, denen zufolge vom Rath gegen homosexuelle Leistungen Grynszpans diesem Unterstützung bei seinen Ausreisebemühungen zugesagt haben soll. Als vom Rath diese Zusage schließlich nicht hielt, habe Grynszpan das Attentat in einer Affekthandlung verübt, der noch ein Erpressungsversuch vorangegangen sei.[22]

In der Bilanz aller Zeugnisse scheinen dem Attentat politische und persönliche Motive zugrunde zu liegen. Dieser Befund wird erhärtet sowohl durch die von 1942 an nachweisbaren Bemühungen des Auswärtigen Amts, das homosexuelle Tatmotiv zu verschleiern, als auch durch den Verzicht auf Eröffnung der Hauptverhandlung im geplanten Schauprozeß gegen Herschel Grynszpan, nachdem dieser den homosexuellen Tathintergrund angedeutet hatte (vgl. dazu unten das Kapitel »Propaganda und Verschleierung«).

Unabhängig davon bestätigt auch eine zeitgenössische Quelle aus dem Umfeld des französischen Schriftstellers André Gide diesen Befund: »Aus sicherer Quelle verlaute, der ermordete Botschaftsattaché vom Rath habe zu dem kleinen Juden, seinem Mörder, Beziehungen ausgesprochen intimer Art unterhalten. Welche Kategorie von Mord ist es gewesen? Nun, die Frage ist zweitrangig. Der Gedanke, daß ein soeben noch in den höchsten Tönen gerühmter Repräsentant des Dritten Reiches im Hinblick auf die Gesetze seines Landes gleich in zweifacher Hinsicht gesündigt hat, ist eher erheiternd; um so monströser erscheinen die scheußlichen Vergeltungsmaßnahmen, das ist mehr als ein nur bewußtes Ausnutzen der Situation. Wie kommt es nur, daß die Presse diesen Skandal nicht groß herausbringt?«[23]

Anmerkungen zum 2. Kapitel

1 Diese und die folgenden Personenangaben sind den Akten des RMfVuP (in: ZStA Potsdam, Nr. 977–1009, insbesondere Nr. 989) und des AA (in: PA des AA Bonn, Rechtsabteilung, Strafrecht, Nr. 21, Bde. 1–7) entnommen. Vgl. auch Kaul: Der Fall des Herschel Grynszpan, S. 11–20. Die Schreibweise der Namen folgt der polnischen Version.

2 Satzung der Lehranstalt, § 1, zitiert nach Kaul, ebda., S. 12.

3 Bericht des Polizeikommissars Valentini v. 12. 11. 1938, Auszug u. deutsche Übersetzung in: PA des AA, Rechtsabteilung, Strafrecht, Nr. 21, Bd. 2, Bl. 208; vgl. auch Kaul, S. 14.

4 Vergl. die Zeugenaussagen in den Akten der StA Essen, 29 KLs 1/65; vgl. auch Deschner, Günther: Reinhard Heydrich, Eßlingen 1977, S. 175 f.; Kaul, S. 15; Soltikow, Michael Graf: Meine Jahre bei Canaris, Wien 1980, S. 44 ff. und 374.

5 Vgl. PA des AA, Rechtsabteilung, Strafrecht, Nr. 21, Bde. 2 u. 3; Kaul, S. 16.

6 Diese und die folgenden Angaben stammen aus der Personalakte Ernst vom Raths (schriftliche Auskünfte des PA im AA Bonn) und dem BA Koblenz, NL Grimm II, 112.

7 Berliner Lokal-Anzeiger v. 18. 11. 1938, aus: Personalakte vom Rath.

8 Zeugenaussage Auer in deutscher Übersetzung, zitiert nach BA Koblenz, NL Grimm II, 112, S. 223 f. Eine Abschrift der französischen Originalfassung befindet sich im PA des AA, Rechtsabteilung, Strafrecht, Nr. 21, Bd. 4.

9 Vgl. Studnitz, Hans-Georg v.: Erinnerungen an Ernst vom Rath, in: Berliner Lokal-Anzeiger v. 18. 11. 1938; Bräutigam, Otto: So hat es sich zugetragen...

Ein Leben als Soldat und Diplomat, Würzburg 1968, S. 259; Thalmann, Rita/ Feinermann, Emmanuel: Die Kristallnacht, Frankfurt am Main 1987, S. 53.

10 Eidesstattliche Erklärung vom 25. 8. 1963, notarielle Beglaubigung durch Rechtsanwalt und Notar Joseph Elkes, Tel Aviv (Israel), v. 10. 4.1988 (im Besitz des Verfassers); vgl. auch StA Essen, 29 KLs 1–65, Bd. II.
Sarella Pomeranz, geb. 5. 1. 1892, Studium der Medizin in Berlin, dort auch Promotion zum Dr. med., von 1929 bis 1939 Assistenzärztin bei Dr. Jacob Tugendreich, Facharzt für Röntgenologie und Radiologie. Dessen Praxis befand sich zunächst in der Derfflingerstr. 21, wo auch der Röntgenologe Prof. Dr. Halberstaedter praktizierte. Als Prof. Halberstaedter 1933 nach Palästina auswanderte, übernahm Dr. Tugendreich auch dessen Praxis; 1934 verlegte er die Praxis in das Haus Nr. 234 am Kurfürstendamm. An beiden Häusern war ein Schild mit der Aufschrift »Radium-Institut« angebracht.
Eidesstattliche Versicherungen von Dr. med. Sarella Pomeranz und Chana Malka Tugendreich sowie schriftliche Mitteilungen des Herrn Rechtsanwalts und Notars Joseph Elkes v. 14. 4., 26. 4. und 15. 5. 1988.

11 Adreßbücher der Stadt Berlin, 1935 u. 1938.

12 StA Essen, 29 KLs 1–65, Bd. IV, Bl. 278 f.

13 Zitiert nach Berliner Lokal-Anzeiger v. 18. 11. 1938.

14 BA Koblenz, R 60 II, 79, Anklageschrift des Oberreichsanwalts beim VGH gegen H. Grynszpan, S. 14; Thalmann/Feinermann: Die Kristallnacht, S. 50 f.

15 PA des AA, Rechtsabteilung, Strafrecht, Nr. 21, Bd. 2.

16 Ebda.

17 Zeugenaussage Bräuers v. 1. 12. 1938, in: ebda.

18 ZStA Potsdam, RMfVuP, Nr. 970, Bl. 56.

19 Bräutigam: So hat es sich zugetragen . . ., S. 263.

20 Diverse Presseberichte zum Staatsbegräbnis für v. Rath, in: ZStA Potsdam, Auswärtiges Amt, Nr. 58757 u. 59235.

21 PA des AA, Rechtsabteilung, Strafrecht, Nr. 21, Bd. 2, Bl. 84.

22 StA Essen, 29 KLs 1–65, Bde. II, III u. IV. Dem Verf. wurde Akteneinsicht gewährt unter der Voraussetzung, daß die »erlangten Kenntnisse bei Veröffentlichungen so dargestellt werden, daß keine Rückschlüsse auf die Identität beteiligter Personen möglich sind« (Schreiben des Ltd. Oberstaatsanwalts Essen v. 5. 8. 1987 an den Verf.). Diese Auflage steht einer detaillierten Ausbreitung der Zeugenaussagen entgegen.

23 Rysselberghe, Maria van: Das Tagebuch der kleinen Dame. Auf den Spuren von André Gide, München 1989, S. 401 (Eintragung vom 12. Dezember 1938). Der französische Originaltext lautet: »On saurait de source certaine que l'attaché d'ambassade von [sic] Rath qui vient d'être assassiné avait les relations les plus intimes avec son petit juif d'assassin. De quelle nature fut l'assassinat? Il n'importe. L'idée qu'un représentant du Reich, qui vient d'être glorifié péchait doublement au regard des lois de son pays, est assez drôle, et les représailles atroces n'en paraissent que plus monstrueuses, plus simplement intéressées, utilitaires. Comment ce scandale n'est-il pas exploité par la presse?« Cahiers Andé Gide. Les Cahiers de la Petite Dame, 1937–1945, Paris (Gallimard) 1975, S. 122.

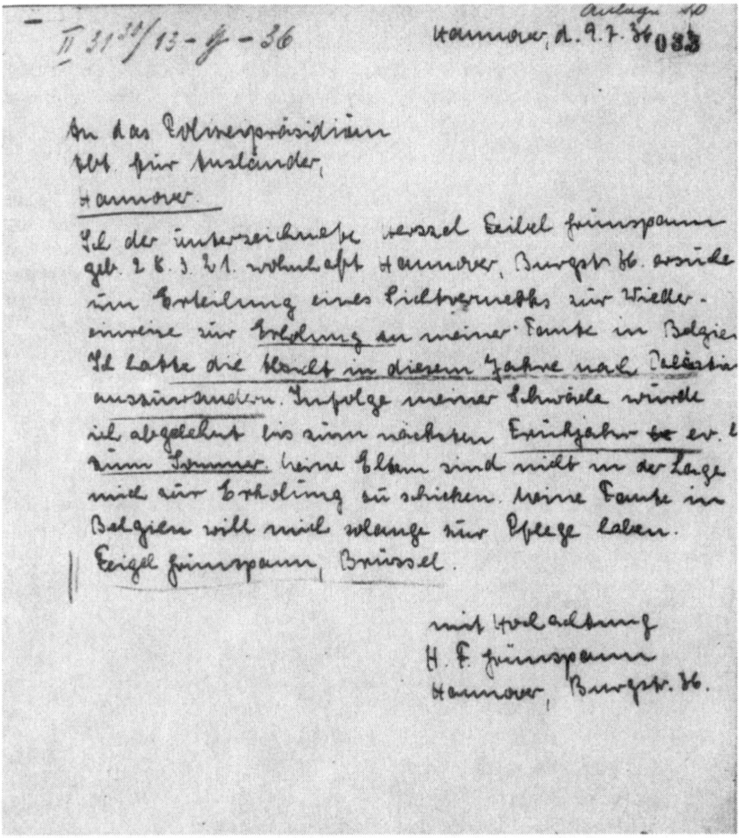

II 31 34/13 – G – 36

Anlage 10

Hannover, d. 9.7.36 033

An das Polizeipräsidium
Abt. für Ausländer,
Hannover.

Ich der unterzeichnete Herszel Feibel Grünspann
geb. 28.3.21. wohnhaft Hannover, Burgstr. 36. ersuche
um Erteilung eines Sichtvermerks zur Wieder-
einreise zur Erholung an meiner Tante in Belgien.
Ich hatte die Absicht in diesem Jahre nach Palästina
auszuwandern. Infolge meiner Schwäche wurde
ich abgelehnt bis zum nächsten Erntejahr ~~bz~~ ev. bis
zum Sommer. Meine Eltern sind nicht in der Lage
mich zur Erholung zu schicken. Meine Tante in
Belgien will mich solange zur Pflege haben.
Feigel Grünspann, Brüssel.

mit Hochachtung
H. F. Grünspann
Hannover, Burgstr. 36.

Deutsche Botschaft
Paris
A 4443
4 Durchschläge
7 Anlagen (Anlage 1 einfach)

Paris, den 8.November 1938.

15 NOV. 1938

Auswärtiges Amt
Pers H 13134
eing. 10. NOV. 1938
3 Anl. m 3 Durchschl.

57

Inhalt: Attentat auf Legationssekretär vom R a t h .

Den in den Telefonaten des Botschaftsrats Bräuer mit Unterstaatssekretär Woermann und Vortragen Legationsrat von Rintelen und mit Telegrammen Nr.557 und 560 vom 7.November gemachten Meldungen über das Attentat auf Legationssekretär vom Rath habe ich nur wenig hinzuzufügen. Ich möchte den Tatbestand wie folgt zusammenfassen:

Am 7.November vormittags 9 Uhr 35 sprach beim Pförtner der Botschaft ein junger Mann vor und erklärte, zwecks Abgabe eines wichtigen Dokuments "einen Legationssekretär" sprechen zu wollen. Die Frau des Pförtners wies ihn daraufhin an den diensttuenden Amtsgehilfen Nagorka, dem er seine Bitte wiederholte. Er wurde darauf von dem Amtsgehilfen zu Legationssekretär vom Rath geführt. Wenige Minuten danach hörte der Amtsgehilfe, der inzwischen seinem Dienst nachgegangen war, aus der Richtung des Dienstzimmers des Legationssekretärs vom Rath Schreie, worauf er sofort in das Zimmer zurückeilte. Auf dem Wege dorthin begegnete ihm im Gang Legationssekretär vom Rath und rief ihm entgegen, daß er angeschossen worden sei. Amtsgehilfe Nagorka stürzte sich daraufhin sofort auf den hinter der Tür stehenden Täter, ergriff ihn und übergab ihn den vor der Botschaft stehenden Polizisten. Diese nahmen den Täter fest und führten ihn in das nahegelegene Polizeirevier.

Herr vom Rath blutete aus zwei Wunden, von denen die eine sich in der Gegend des Brustbeins, die andere im Unterleib befand. Er klagte über heftige Schmerzen. Ich möchte hier feststellen, daß er diese Schmerzen mit größter Standhaftigkeit ertrug, und er in keinem Augenblick seine vorbildliche Ruhe und Selbstbeherrschung verloren hat. Auf die Frage des Botschaftsrats Bräuer, wie es denn zu dem Attentat gekommen sei, erwiderte er der Täter sei ein Jude und habe bei Abgabe seiner Schüsse erklärt, er wolle seine Glaubensgenossen rächen.

An das
Auswärtige Amt,
B e r l i n.

Auswärtiges Amt
R 23726
eing. 17. NOV. 1938

E443449

- 2 -

Im Beisein des sofort herbeigerufenen Vertrauensarztes der Botschaft Dr.Claass wurde unverzüglich die Überführung ~~die Überführung~~ des Herrn vom Rath in die Klinik de l'Alma,166 rue de l'Université, und die Hinzuziehung des bekannten französischen Chirurgen Professor Dr.Baumgartner veranlaßt. Von diesem wurde Herr vom Rath, nachdem eine Röntgenaufnahme gemacht worden war, noch im Laufe des Vormittags einer Operation unterzogen. Im Verlauf derselben wurde Herrn vom Rath die Milz entfernt und die an zwei Stellen durchschossene Magenwand vernäht. Näheres ergibt sich aus dem als Anlage 1 beigefügten Bulletin der Herren Dr. Claass und Dr.Baumgartner.

In der Zwischenzeit ließ ich durch einen der Beamten der Botschaft die Protokoll-Abteilung des Quai d'Orsay von dem Attentat mit dem Ersuchen verständigen, die Ermittlungen sofort und energisch aufnehmen zu lassen und zu einem gegebenen Zeitpunkt bei den Vernehmungen auch einen Vertreter der Botschaft hinzuzuziehen. Der zuständige Beamte der Protokoll-Abteilung erklärte nach Rückfrage in der Rechtsabteilung, daß Letzeres auf Grund der französischen Strafprozeßordnung nicht zulässig sei; selbstverständlich werde das Außenministerium aber alles tun, um eine rasche und energische Durchführung des Untersuchungsverfahrens sicherzustellen und die Botschaft von seinem Ergebnis auf dem Laufenden halten. Außerdem beauftragte ich den Kanzler Lorz, sich unmittelbar auf das Polizeikommissariat zu begeben, der Vernehmung, wenn möglich, beizuwohnen und der französischen Polizei bei deren Erhebungen auch, soweit sie sich im Botschaftsgebäude abspielen würden, an die Hand zu gehen. Das Nähere über die Personalien des Täters und seine ersten Aussagen ergibt sich aus der in Anlage 2 beigefügten Aufzeichnung des Kanzlers Lorz, auf die ich wegen der Einzelheiten hier Bezug nehme. Aus ihr ergibt sich, daß der Täter Herschel Feibel Grynszpan heißt, Jude und am 21.März 1921 in Hannover geboren ist, die polnische Staatsangehörigkeit besitzt, und daß er die Tat begangen hat, um seine Glaubensgenossen zu rächen.

Wie bereits telegraphisch berichtet, drückte mir Ministerpräsident Daladier noch im Laufe des Vormittags am Telefon im eigenen und im Namen der französischen Regierung seine wärmste

Anteil

E443459

58

Deutsche Botschaft
Paris

- 3 -

Anteilnahme zu dem Attentat aus und bat mich, diese Anteilnahme auch meiner Regierung zu übermitteln. Im Laufe des Gesprächs ließ er sich über den Vorfall genau unterrichten und stellte insbesondere die Frage, ob es sich bei dem Attentäter um einen Verrückten handele. Ich erwiderte, daß dies keineswegs der Fall sei, der Attentäter vielmehr einen durchaus klaren Eindruck gemacht habe und es sich wohl um einen durch eine wohlbekannte gewisse Propaganda verhetzten Fanatiker handele. Außer dem Ministerpräsidenten sprach mir auch Außenminister Bonnet, den ich aus anderem Anlaß aufsuchte, ferner Abgeordneter Scapini im Namen des "Comité France-Allemagne" sowie zahlreiche andere Persönlichkeiten ihre Anteilnahme aus.

Die Presse ließ ich durch den Pressebeirat der Botschaft über den Verlauf des Attentats und über die ersten Erklärungen des Attentäters unterrichten, denen zufolge er sich als Rächer der in Deutschland verfolgten Juden, insbesondere der soeben ausgewiesenen 12 000 polnischen Juden, bezeichnet hatte. Bereits die Abendzeitungen berichteten in größter Aufmachung über das Attentat, zunächst im wesentlichen ohne Stellungnahme. Eine Ausnahme machte dabei nur das getarnte Kommunistenblatt "Ce Soir", das den Versuch machte, die Schuldfrage zu vernebeln und fälschlicherweise die obenerwähnten Erklärungen des Täters über seine Motive dem Pressebeirat als dessen eigene Behauptungen in den Mund legte. Eine ungenaue Darstellung der Erklärungen des Pressebeirats gab auch zunächst die Agentur Havas in ihrer Spezialausgabe Nr.13, berichtigte diese Darstellung dann aber auf diesseitige Veranlassung durch ihre Spezialausgabe Nr.32, die in Anlagen3 und 4 beigefügt sind. Gegen Abend ließ ich im übrigen das in Anlage 5 beigefügte Pressekommuniqué ausgeben, das auch durch den Rundfunk verbreitet wurde. Über die Darstellungen und Artikel der französischen Presse über das Attentat berichte ich im einzelnen gesondert.

Heute morgen gegen 5 Uhr trafen, wie dem Auswärtigen Amt bekannt, im Auftrage des Führers Professor Dr. Magnus aus München und Dr. Brandt hier ein. Die Herren begaben sich alsbald an das Krankenlager des Herrn vom Rath, der die Nacht verhältnismäßig gut überstanden hatte. Ihr Besuch und die durch denselben zum Ausdruck gebrachte Anteilnahme des Führers haben auf Herrn vom Rath sichtlichen Eindruck gemacht. Sie haben im Laufe des heutigen Tages die in den Anlagen 6 und 7 beigefügten Bulletins ausgegeben.

Weiterer Bericht über den Verlauf der Angelegenheit bleibt vorbehalten.

E443451

Welczeck

2.4 *Grynszpan nach seiner Verhaftung am 7. 11. 1938*

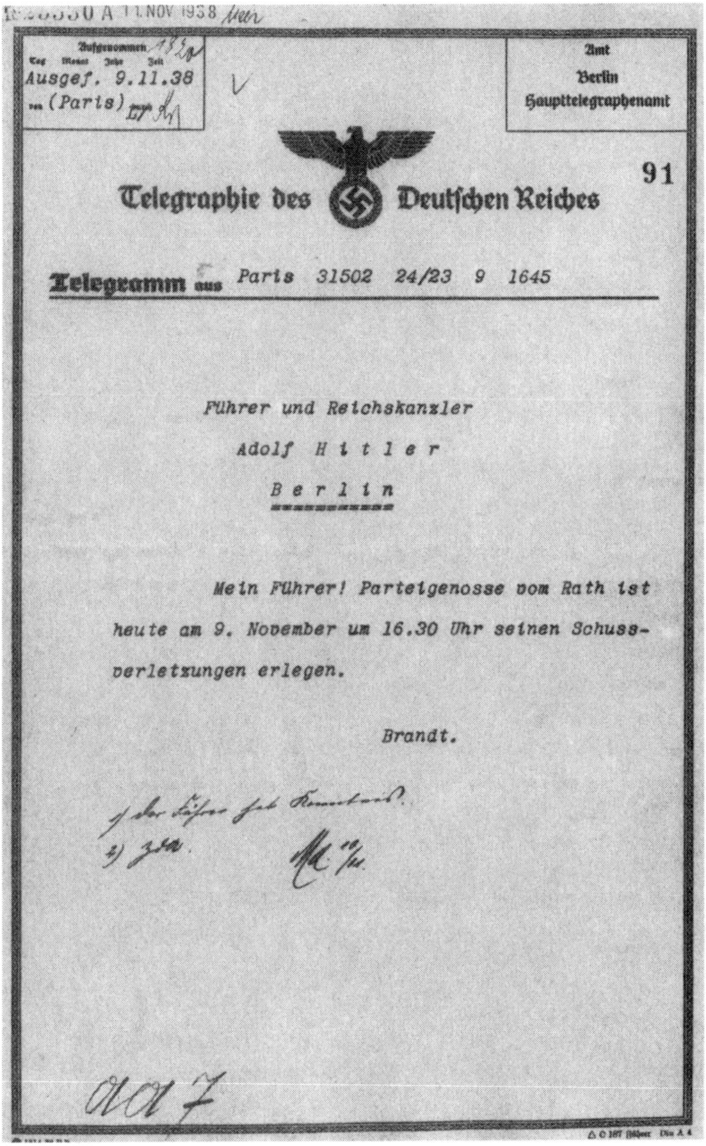

A 11.NOV 1938

Aufgenommen
Tag Monat Jahr Zeit
Ausgef. 9.11.38
von (Paris)

Amt
Berlin
Haupttelegraphenamt

91

Telegraphie des Deutschen Reiches

Telegramm aus Paris 31502 24/23 9 1645

Führer und Reichskanzler

Adolf H i t l e r

B e r l i n

Mein Führer! Parteigenosse vom Rath ist heute am 9. November um 16.30 Uhr seinen Schussverletzungen erlegen.

Brandt.

3. Inszenierung und Verlauf der Pogrome

»Wenn in einer Nacht sämtliche Synagogen abbrennen, so muß das irgendwie organisiert sein und kann nur organisiert sein von der Partei.«

Oberstes Parteigericht der NSDAP, 1939

Spontane Pogrome

Auf die Nachricht vom Attentat gegen den Legationssekretär Ernst vom Rath am 7. November 1938 reagierten fanatische Nationalsozialisten bereits in der Nacht zum 8. November mit pogromähnlichen Aktionen gegen jüdische Geschäfte und Gotteshäuser. Wie dem Schnellbrief des Chefs der Sicherheitspolizei vom 9. November 1938 an den Chef der Ordnungspolizei zu entnehmen ist, sind in den Städten Rotenburg bei Fulda, Bebra, Sontra und in der Gemeinde Baumbach »fast sämtliche Fensterscheiben der jüdischen Wohnhäuser zertrümmert worden, in Bebra auch die Schaufensterscheiben sämtlicher jüdischer Geschäfte«. In Bebra seien überdies jüdische Wohnhäuser demoliert, in Rotenburg Einrichtungen der Synagoge erheblich beschädigt sowie Gegenstände entfernt und auf der Straße vernichtet worden.

In der Nacht zum 9. November ist die Synagoge in Bad Hersfeld vollständig abgebrannt. Mehrere jüdische Läden und Haushaltungen, darunter das jüdische Küster- und Lehrerhaus, seien ebenso vollständig demoliert worden. Etwa tausend Personen sollen diese Aktionen begleitet haben. Dem Bericht zufolge fanden vergleichbare Gewalttätigkeiten auch in Eschwege, Witzenhausen, Fritzlar und anderen Städten Hessens statt. Die Lage im Stadtbezirk Kassel habe sich erst nach stärkerem Einsatz von Ordnungspolizei und Kriminalpolizei sowie durch Maßnahmen der Gauleitung beruhigt, so daß mit weiteren Ausschreitungen nicht mehr zu rechnen sei.[1]

Diese Vorgänge zeigen einmal mehr das gewalttätige Potential der antisemitischen Parteibasis und deren aufgestauten Betätigungsdrang, der sich bei opportun erscheinender Gelegenheit sogleich in wildem Aktionismus verselbständigte.

Entschlußbildung in der NS-Führung

Am 9. November 1938 kamen die führenden Nationalsozialisten – wie alljährlich – zur Gedenkfeier für den Hitler-Putsch von 1923 in München zusammen. Nach dem zelebrierten Marsch auf die Feldherrnhalle trafen sich viele »alte Kämpfer« im Münchener Rathaussaal zu einem Kameradschaftsabend mit Essen, an dem auch Hitler teilnahm. Zwischen 19 und 20 Uhr wurde die telegraphische Nachricht überbracht, daß Ernst vom Rath dem Attentat erlegen ist. Wie sich ein Augenzeuge, der Münchener Polizeipräsident von Eberstein, erinnerte, soll Hitler »dadurch stärkstens beeindruckt« gewesen sein und es entgegen seiner Gewohnheit abgelehnt haben, vor der Versammlung zu sprechen. Während des Essens habe er eine »außerordentlich eindringliche Unterredung« mit Goebbels gehabt. Hitler sei dann kurz darauf in seine Privatwohnung an der Prinzregentenstraße gefahren (vgl. 3.1).

Anschließend teilte Goebbels den versammelten Parteiführern mit, daß Ernst vom Rath seinen Verletzungen erlegen sei und als Vergeltung dafür bereits judenfeindliche Kundgebungen in den Gauen Kurhessen und Magdeburg-Anhalt stattgefunden hätten. Dabei seien jüdische Geschäfte zertrümmert und Synagogen in Brand gesteckt worden. Hitler habe auf seinen Vortrag hin entschieden, »daß derartige Demonstrationen von der Partei weder vorzubereiten noch zu organisieren seien, soweit sie spontan entstünden, sei ihnen aber auch nicht entgegenzutreten«. Die anwesenden Reichs- und Gauleiter verstanden die Rede so, »daß die Partei nach außen nicht als

Urheber der Demonstrationen in Erscheinung treten, sie in Wirklichkeit aber organisieren und durchführen sollte«.[2]

Gegen 22.30 Uhr löste sich die Versammlung auf. Noch aus dem »Alten Rathaus« in München gaben die Gauleiter und SA-Führer ihren regionalen Dienststellen telefonisch mehr oder minder präzise Anweisungen, mit entsprechenden Aktionen gegen jüdische Geschäfte und Synagogen loszuschlagen.

Neu erschlossene Akten im politischen Archiv des Auswärtigen Amts, darunter die erst seit kurzem zugänglichen Personalunterlagen vom Raths, deuten darauf hin, daß Hitler von dessen Ableben früher unterrichtet und weniger überrascht war als bislang angenommen.

Am 9. November, im Laufe des Vormittags, berichtete Botschaftsrat Bräuer (Paris) telefonisch dem AA in Berlin, daß sich vom Raths Befinden »so verschlechtert habe, daß noch heute mit seinem Tode gerechnet werden müsse«. Bereits um 12.45 Uhr teilte daraufhin der Personalchef des AA, Ministerialdirektor Prüfer, der Botschaft Paris ebenfalls telefonisch mit, »daß der Führer und Reichskanzler Herrn vom Rath zum Gesandtschaftsrat I. Klasse ernannt habe«. Er, Prüfer, habe sich angesichts der Gefahr, daß das Telegramm zu spät eintreffen könnte, hierzu für ermächtigt gehalten.

Wie dem Bericht des Botschafters Graf Welczeck vom 10. November zu entnehmen ist, hatte vom Rath schon am frühen Nachmittag das Bewußtsein verloren. Infolgedessen »konnte ihm seine Ernennung zum Gesandtschaftsrat leider nicht mehr mitgeteilt werden. Angesichts des eingetretenen Kräfteverfalls konnte bereits gegen Mittag an seinem bevorstehenden Ableben kein Zweifel mehr bestehen. Dieses trat um 16.30 Uhr [...] ein.«

Bestätigt wird die Todeszeit durch das Telegramm, das der von Hitler nach Paris entsandte Arzt, SS-Sturmbannführer Dr. Brandt, um 16.45 Uhr aufgab (vgl. 2.5). Dieses Telegramm traf um 18.20 Uhr in Berlin ein. Bereits um 19.40 Uhr schickte der Staatssekretär des AA, Ernst Frhr. v. Weizsäcker, dem in Paris befindlichen Vater vom Raths ein Beleidstelegramm, das jedoch nicht an die Presse weitergegeben werden durfte.

Um 20.45 Uhr ging die telefonische Weisung des Reichsaußenministers v. Ribbentrop, der sich wie auch Himmler im Münchener Hotel »Vier Jahreszeiten« einquartiert hatte, beim AA in Berlin ein, das folgende Telegramm durch Fernschreiben über die Botschaft Paris den Eltern vom Raths zuzustellen: »Tief erschüttert habe ich soeben die Nachricht von dem Ableben Ihres Sohnes erhalten. Wir betrauern den Tod unseres Kameraden, der im Dienst für Führer und Volk einem feigen Verbrechen zum Opfer fiel.«

Berücksichtigt man für Entwurf, Abfassung und Absendung der Telegramme eine Vorlaufzeit von etwa einer Stunde, haben v. Weizsäcker und v. Ribbentrop zwischen 19 und 20 Uhr den Tod vom Raths zur Kenntnis genommen. Da der Reichsaußenminister stets die Nähe Hitlers suchte, ist mit Sicherheit anzunehmen, daß auch Hitler bis spätestens 20 Uhr vom Tode Raths Kenntnis hatte. Von einer Überraschung Hitlers am späten Abend des 9. November kann mithin nicht mehr die Rede sein.

Die Tatsache, daß Hitler seinen Begleitarzt nach Paris entsandt und den Legationssekretär vom Rath noch kurz vor seinem Tode zum Gesandtschaftsrat I. Klasse ernannt hatte – eine außergewöhnliche Sprungbeförderung –, weist nicht nur auf die große Bedeutung hin, die Hitler dem Fall beimaß, sondern auch auf seine frühzeitige Unterrichtung zum Befinden vom Raths.

Die bis in die jüngste Zeit verbreitete Darstellung, daß die Pogrome zwar von Goebbels angestiftet, dann aber von der SS-Führung und namentlich von Heydrich veranstaltet worden seien[3], läßt sich aus den vorliegenden Quellen *nicht* bestätigen. Auch nach übereinstimmender Auffassung verschiedener Zeitzeugen aus dem Umkreis Hitlers und Himmlers haben Goebbels und die Parteiorganisationen – also insbesondere Gauleiter und Kreisleiter unter Hinzuziehung der SA – den »Feldzug« gegen die Juden inszeniert *und* durchgeführt.[4]

SS und Polizei sollten sich auf Weisung Hitlers »aus dieser Aktion heraushalten« und sich darauf beschränken, Archivmaterial der jüdischen Kultusgemeinden sicherzustellen und »arisches« Eigentum vor Schaden zu schützen, mit anderen Worten: die Zerstörung jüdischer Geschäfte und Gotteshäuser zu sanktionieren.

Brandstiftung, Zerstörung und Mord

In allen Teilen des Deutschen Reiches, von Ostpreußen bis zum Rheinland und von Schleswig-Holstein bis nach Tirol, wurden daraufhin fast sämtliche Synagogen niedergebrannt sowie die meisten Geschäfte und Wohnungen der Juden demoliert (vgl. 3.4 bis 3.6).

Vor den Brandstiftungen kam es an vielen Orten zu Synagogenschändungen und individuellen Demütigungen der jüdischen Gemeindemitglieder. In Baden-Baden zum Beispiel trieben SS-Männer etwa sechzig Juden durch die Stadt und anschließend in die Synagoge, wo der Gemeindevorsteher gezwungen wurde, den verhafteten Juden aus Hitlers »Mein Kampf« vorzulesen. Dann mußten die Juden das Horst-Wessel-Lied einüben, bis sie es laut aufsagen konnten (vgl. 3.7). Ohne Rücksicht auf Alter und Geschlecht wurden viele Juden im Verlauf der Pogrome geschlagen, verhöhnt, gedemütigt oder ermordet (vgl. 3.8 bis 3.10).

Wenngleich die nationalsozialistische Propaganda die Exzesse als Vergeltung der »kochenden Volksseele« für den Mord an Ernst vom Rath hinstellte, konnte schon damals nichts darüber hinwegtäuschen, daß es sich um einen von der Partei organisierten und durchgeführten Pogrom handelte. Wie absurd die Behauptung von der »berechtigten Erhebung der kochenden Volksseele« war, zeigt der Bericht des SD-Unterabschnitts Tirol vom 12. November 1938: Am 10. November gegen 1 Uhr morgens traf der Gauleiter von Tirol, Hofer, von München kommend in Innsbruck ein. Vor den versammelten Führern der dortigen SA, SS und Polizei erklärte Hofer, daß sich »die kochende Volksseele im Reich bereits gegen die Juden gewandt« habe als Antwort auf den »feigen jüdischen Mordüberfall« in Paris. »Es sei notwendig, daß sich auch in Tirol in dieser Nacht [...] die kochende Volksseele gegen die Juden erhebe. [...] Der kochenden Volksseele sei bis in der Frühe 6 Uhr volle Aktionsfähigkeit zu gewähren, bis dahin habe die Polizei nirgends den Demonstranten gegenüber in Erscheinung zu treten.«[5]

Allenthalben gingen die Pogrome mit Exzessen einher, in Österreich besonders häufig. Wie dem Bericht des SD-Unterabschnitts

Tirol weiter zu entnehmen ist, wurden die einzelnen Gliederungen der Partei gegen 2.30 Uhr »planmäßig zur Aktion gegen jüdische Objekte und Personen eingesetzt, in Verbindung mit einem strengen Befehl zum Anlegen von Zivilkleidung. [...] Im Verlauf dieser Aktion wurden die Wohnungen aller noch nicht ausgewanderten Juden schwer beschädigt. [...] Auch die Synagoge wurde zerstört. [...] Abschließend liegt folgendes Ergebnis vor: Es wurden bis jetzt 3 Juden getötet. Es sind dies Richard Graubart, Karl Bauer und Richard Berger, der Vorstand der israelitischen Kultusgemeinde. Wilhelm Bauer liegt mit schweren Kopfverletzungen im Spital; die Ärzte zweifeln an seinem Aufkommen. [...] Das Ehepaar Popper wurde nach Zerstörung ihrer Wohnung in die Sill geworfen; es konnte sich jedoch ans Ufer retten. Der Mann befindet sich unter den Inhaftierten.«

Das Verfahren gegen die Mörder der Innsbrucker Juden wurde durch Beschluß des Obersten Parteigerichts der NSDAP vom 9. Februar 1939 eingestellt.[6] Der Sondersenat des Obersten Parteigerichts – vor dem die Verbrechen verhandelt wurden, um sie der ordentlichen Gerichtsbarkeit zu entziehen – konstatierte 1939 in seinem Abschlußbericht insgesamt 91 Fälle von »Tötungen«.[7] Die meisten Verfahren endeten mit Einstellung oder Freispruch.

Zur Auslösung der Pogrome stellten die »Parteirichter« mit bemerkenswerter Deutlichkeit fest: »Auch die Öffentlichkeit weiß bis auf den letzten Mann, daß politische Aktionen wie die des 9. November von der Partei organisiert und durchgeführt sind, ob dies zugegeben wird oder nicht. Wenn in einer Nacht sämtliche Synagogen abbrennen, so muß das irgendwie organisiert sein und kann nur organisiert sein von der Partei.«

Augenzeugen berichten

Neben den amtlichen Berichten illustrieren die autobiographischen Darstellungen besonders eindringlich die menschenverachtende

Brutalität, mit der die Pogrome einhergingen. Zugleich geben sie Aufschluß über die Reaktionen in der deutschen Bevölkerung, die von offener Zustimmung über verbreitete Indolenz bis zu mehr oder minder verschämter Ablehnung und bisweilen auch Empörung reichten (vgl. 3.11 bis 3.13).

Im Gegensatz zur gelenkten deutschen Presse berichteten die meisten ausländischen Zeitungen umfassend, detailliert und wahrheitsgetreu über die Pogrome. Die »Neue Zürcher Zeitung« meldete am 10. November 1938 zur »Schreckensnacht in Berlin« unter anderem: »Die furchtbarste antisemitische Welle seit dem Regimewechsel von 1933 hat sich in der vergangenen Nacht [...] über ganz Deutschland ergossen. [...] Eine systematische, mit erbarmungsloser Konsequenz durchgeführte Zerstörungsaktion richtete sich gegen die jüdischen Läden und Geschäfte. [...] Der Sturm begann nachts halb drei Uhr. Dunkle Gestalten durchzogen die Straßen und eröffneten mit Pflastersteinen ein Bombardement auf die Schaufenster, aus denen alle Gegenstände, die sich als Wurfgeschosse eigneten, genommen wurden, um mit ihnen die Spiegel, Glasbehälter und Beleuchtungskörper zu zertrümmern. Die Polizei blieb unsichtbar und antwortete auch nicht auf telephonische Anrufe der verängstigten Geschäftsinhaber [...]. Um halb sieben morgens setzten sich größere Trupps von je acht bis zwölf Mann, die vorsichtshalber Zivilkleider angelegt hatten, in Bewegung. Mit Stöcken und Eisenstangen wurden alle Scheibenreste, Behälter und Firmentafeln kurz und klein geschlagen, bis die Trottoire mit Scherben und Splittern übersät waren. Einige Bekleidungsgeschäfte wurden ausgeräumt und das Inventar auf offener Straße verbrannt.«

Das ebenfalls in der Schweiz erscheinende Blatt »Der Bund« faßte seinen Bericht vom 11. November 1938 über die »Judenpogrome in Deutschland« mit den Schlagzeilen »Niedrigste Instinkte toben sich aus« und »Schlimmste Terrorakte« zusammen. Mit der Feststellung »Die Schüsse von Paris haben ein Ventil geöffnet« charakterisierte das Blatt treffend den aufgestauten Betätigungsdrang der NS-Parteibasis (vgl. 3.14).

Anmerkungen zum 3. Kapitel

1 BA Koblenz, R 58, 979.
2 Geheimer Bericht des Sondersenats beim Obersten Parteigericht der NSDAP vom Februar 1939, in: IMT, Bd. XXXII, Dok. 3063-PS.
3 So zuletzt Theodor Eschenburg in: Die Zeit Nr. 24 v. 5. 6. 1987, S. 36. Eschenburgs vermeintliche Detailkenntnis zur Organisation der Pogrome durch Heydrich steht in eklatantem Gegensatz zu seinen jüngst erschienenen Erinnerungen »Letzten Endes meine ich doch« (Berlin, 2000). Die Novemberpogrome des Jahres 1938 kommen darin ebensowenig vor wie die pogromähnlichen Vorgänge in den Jahren 1935 und 1937.
4 Vgl. Riess, Curt: Joseph Goebbels, Baden-Baden 1950, S. 227; Wiedemann, Fritz: Der Mann, der Feldherr werden wollte, Velbert u. Kettwig 1964, S. 189 ff; vgl. auch Görings Aussage v. 14. 3. 1946, in: IMT, Bd. IX, S. 312 f. – Mitteilung des Herrn Dr. Werner Best vom 24. 7. 1987 an den Verf.
5 Zitiert nach »Die Kristall-Nacht«, Documentarische Sammlung, hrsg. von T. Friedmann, Haifa 1972, Kopie im Besitz des Verf.
6 Vgl. BA Koblenz, NS 36, 13, Bl. 94–99.
7 IMT, Bd. XXXII, PS-3063.

RA. PELCKMANN: Herr Zeuge! Wo waren Sie am 9. November 1938?

VON EBERSTEIN: Am 9. November 1938 war ich in München.

RA. PELCKMANN: Welche Dienststellung hatten Sie damals in der Allgemeinen SS?

VON EBERSTEIN: Ich war in der Allgemeinen SS SS-Obergruppenführer und Führer des SS-Oberabschnitts Süd, außerdem Polizeipräsident von München.

RA. PELCKMANN: Schildern Sie bitte, wie Sie zuerst von Ausschreitungen gegen jüdische Geschäfte in dieser Nacht Kenntnis erhielten.

VON EBERSTEIN: Ich habe an diesem Tag, wie das meiner dienstlichen Pflicht oblag, Hitler begleiten müssen zu dem Treffen der alten Kämpfer im alten Rathaussaal. Dort wurde Hitler mitgeteilt, daß der Gesandtschaftsrat vom Rath seinen Verletzungen erlegen sei. Hitler war dadurch stärkstens beeindruckt und lehnte es ab zu sprechen, was er sonst immer tat. Er hatte während dieses Essens eine außerordentlich eindringliche Unterredung mit Goebbels. Was gesprochen wurde, konnte ich nicht verstehen. Hitler ist kurz darauf in seine Wohnung gefahren, wohin ich ihn auf Grund meiner dienstlichen Bestimmungen begleiten mußte. Im Anschluß daran hatte ich die Sicherheits- und Absperrmaßnahmen auf dem Odeonsplatz verantwortlich zu leiten. Es fand jedes Jahr in der Nacht vom 9. auf 10. November dort die Vereidigung der neuen Rekruten der Waffen-SS statt. Als ich dorthin kam, auf den Odeonsplatz, wurde mir gemeldet, daß eine Synagoge brenne und die Feuerwehrt dort behindert würde.

Kurz darauf erhielt ich einen Telephonanruf durch den Landrat München, der mir mitteilte, daß das dem jüdischen Baron Hirsch gehörige Schloß Planegg an der Stadtgrenze Münchens von unbekannten Tätern angezündet sei. Die Gendarmerie bittet um Hilfe. Zeitlich war dies etwa um 23.45 Uhr. Um 24.00 Uhr kam Hitler zu der Vereidigung. Da ich meinen Platz nicht verlassen konnte, schickte ich den nächsthöheren SS-Führer, Brigadeführer Diehm, zu der Synagoge, um dort Ordnung zu schaffen. Außerdem entsandte ich ein Überfallkommando der Polizei, unter einem Offizier, nach Planegg mit dem Auftrag, die Täter zu stellen und das Feuer ablöschen zu lassen.

Unmittelbar nach dem Appell, nach dieser Vereidigung, war ich wie alle anderen höheren SS-Führer zu Himmler befohlen. Dort in dem Hotel unterrichtete mich der Stellvertretende Gauleiter Niepolt, daß im Anschluß an den Abgang Hitlers aus dem Rathaussaal Goebbels eine wüste Hetzrede gegen die Juden gehalten hätte. Infolgedessen sei es zu erheblichen Ausschreitungen in der Stadt gekommen. Ich fuhr sofort mit Kraftwagen durch die Stadt, um mir einen Überblick zu verschaffen. Ich traf eingeschlagene Schaufenster an, einige Geschäfte brannten. Ich habe zunächst selbst sofort eingegriffen und habe dann alle verfügbaren Polizeikräfte auf die Straße geworfen mit dem Auftrag, die jüdischen Geschäfte bis auf weiteres unter Schutz zu stellen. Außerdem habe ich im Zusammenwirken mit einer städtischen Dienststelle Münchens dafür gesorgt, daß die Schaufenster vernagelt wurden, um Diebstähle und dergleichen zu verhindern.

Abschrift.

Fernschreiben.

Blitz München 47 767 10.11.38 0120 - Chu -.

An alle Stapoleite und Stapostellen, an alle SD.OA. und alle UA.

- Blitz, dringend, sofort vorlegen! -
Dringend sofort dem Leiter oder seinem Stellvertreter vorlegen.

Betrifft: Maßnahmen gegen Juden in der heutigen Nacht.

Auf Grund des Attentats gegen den Leg. Sekr.v.Rath in Paris sind im Laufe der heutigen Nacht - 9./10.11.38 - im ganzen Reich Demonstrationen gegen die Juden zu erwarten. Für die Behandlung dieser Vorgänge ergehen folgende Anordnungen:

1.) Die Leiter der Staatspolizeistellen oder ihre Stellvertreter haben sofort nach Eingang dieses Fernschreibens mit den für ihren Bezirk zuständigen Politischen Leitungen - Gauleitung oder Kreisleitung - fernmündlich Verbindung aufzunehmen und eine Besprechung über die Durchführung der Demonstrationen zu vereinbaren, zu der der zuständige Inspekteur oder Kommandeur der Ordnungspolizei zuzuziehen ist. In dieser Besprechung ist der Politischen Leitung mitzuteilen, daß die Deutsche Polizei vom Reichsführer der SS. und Chef der Polizei die folgenden Weisungen erhalten hat, denen die Maßnahmen der Politischen Leitung zweckmäßig anzupassen wären:

a) Es dürfen nur solche Maßnahmen getroffen werden, die keine Gefährdung deutschen Lebens oder Eigentums mit sich bringen (zB. Synagogenbrände nur, wenn keine Brandgefahr für die Umgebung ist).

b) Geschäfte und Wohnungen von Juden dürfen nur zerstört, nicht geplündert werden. Die Polizei ist angewiesen, die Durchführung dieser Anordnung zu überwachen und Plünderer festzunehmen.

c) In Geschäftsstraßen ist besonders darauf zu achten, daß nicht jüdische Geschäfte unbedingt gegen Schäden gesichert

7 h ARMY DOCU ... CENTER 36/3

werden.

d) Ausländische Staatsangehörige dürfen - auch wenn sie Juden sind - nicht belästigt werden.

2.) Unter der Voraussetzung, daß die unter 1) angegebenen Richtlinien eingehalten werden, sind die stattfindenden Demonstrationen von der Polizei nicht zu verhindern, sondern nur auf die Einhaltung der Richtlinien zu überwachen. -

3.) Sofort nach Eingang dieses Fernschreibens ist in allen Synagogen und Geschäftsräumen der jüdischen Kultusgemeinden das vorhandene Archivmaterial polizeilich zu beschlagnahmen, damit es nicht im Zuge der Demonstrationen zerstört wird. Es kommt dabei auf das historisch wertvollere Material an, nicht auf neuere Steuerlisten usw. Das Archivmaterial ist an die zuständigen SD-Dienststellen abzugeben.

4.) Die Leitung der sicherheitspolizeilichen Maßnahmen hinsichtlich der Demonstrationen gegen Juden liegt bei den Staatspolizeistellen, soweit nicht die Inspekteure der Sicherheitspolizei Weisungen erteilen. Zur Durchführung der sicherheitspolizeilihen Maßnahmen können Beamten der Kriminalpolizei sowie Angehörige des SD., der Verfügungstruppe und der allgemeinen SS. zugezogen werden.-

5.) Sobald der Ablauf der Ereignisse dieser Nacht die Verwendung der eingesetzen Beamten hiefür zuläßt, sind in allen Bezirken so viele Juden - insbesondere wohlhabende - festzunehmen, als in den vorhandenen Hafträumen untergebracht werden können. Es sind zunächst nur gesunde, männliche Juden nicht zu hohen Alters festzunehmen. Nach Durchführung der Festnahme ist unverzüglich mit den zuständigen Konzentrationslagern wegen schnellster Unterbringung der Juden in den Lagern Verbindung aufzunehmen. Es ist besonders darauf zu achten, daß die auf Grund dieser Weisung festgenommenen Juden nicht mißhandelt werden.

6.) Der Inhalt dieses Befehls ist an die zuständigen Inspekteure und Kommandeure der Ordnungspolizei und an die SD-Ober- und Unterabschnitte weiterzugeben mit dem Zusatz, daß der Reichsführer SS. und Chef der Deutschen Polizei diese polizeilichen Maßnahmen angeordnet hat. Der Chef der Ordnungspolizei hat für die Ordnungspolizei einschließlich der Feuerlöschpolizei entspr.Weisungen erteilt. In der Durchführung der angeordneten Massnahmen ist engstes Einvernehmen zwischen der Sicherheitspolizei und der Ordnungspolizei zu wahren.

Der Empfang dieses Fernschreibens ist von den Stapoleitern oder seinen Vertretern durch FS.an das Geheime Staatspolizeiamt - z.Hd.d.SS-Standartenführer M ü l l e r - zu bestätigen.

gez.H e y d r i c h SS-Gruppenführer.

7.h ARMY DOCUMENT CENTER 36/5

Berlin Nr. 234 404 9.11.2355

An alle Stapo Stellen und Stapoleitstellen – An Leiter oder Stellvertreter

Dieses FS ist sofort auf dem schnellsten Weg vorzulegen.

1. Es werden in kürzester Frist in ganz Deutschland Aktionen gegen Juden insbesondere gegen deren Synagogen stattfinden. Sie sind nicht zu stören. Jedoch ist im Benehmen mit der Ordnungspolizei sicherzustellen, dass Plünderungen und sonstige besondere Ausschreitungen unterbunden werden können.

2. Sofern sich in Synagogen wichtiges Archivmaterial befindet, ist dieses durch eine sofortige Massnahme sicherzustellen.

3. Es ist vorzubereiten die Festnahme von etwa 20–30 000 Juden im Reiche. Es sind auszuwählen vor allem vermögende Juden. Nähere Anordnungen ergehen noch im Laufe dieser Nacht.

4. Sollten bei den kommenden Aktionen Juden im Besitz von Waffen angetroffen werden, so sind die schärfsten Massnahmen durchzuführen. Zu den Gesamtaktionen können herangezogen werden Verfügungstruppen der SS sowie Allgemeine SS. Durch entsprechende Massnahmen ist die Führung der Aktionen durch die Stapo auf jeden Fall sicherzustellen.

Zusatz für Stapo Köln:

In der Synagoge Köln befindet sich besonders wichtiges Material. Dies ist durch schnellste Massnahme im Benehmen mit SD sofort sicherzustellen.

Gestapa II Mueller

Dieses FS ist geheim.

L. SPERLING & Co. Buchdruckerei

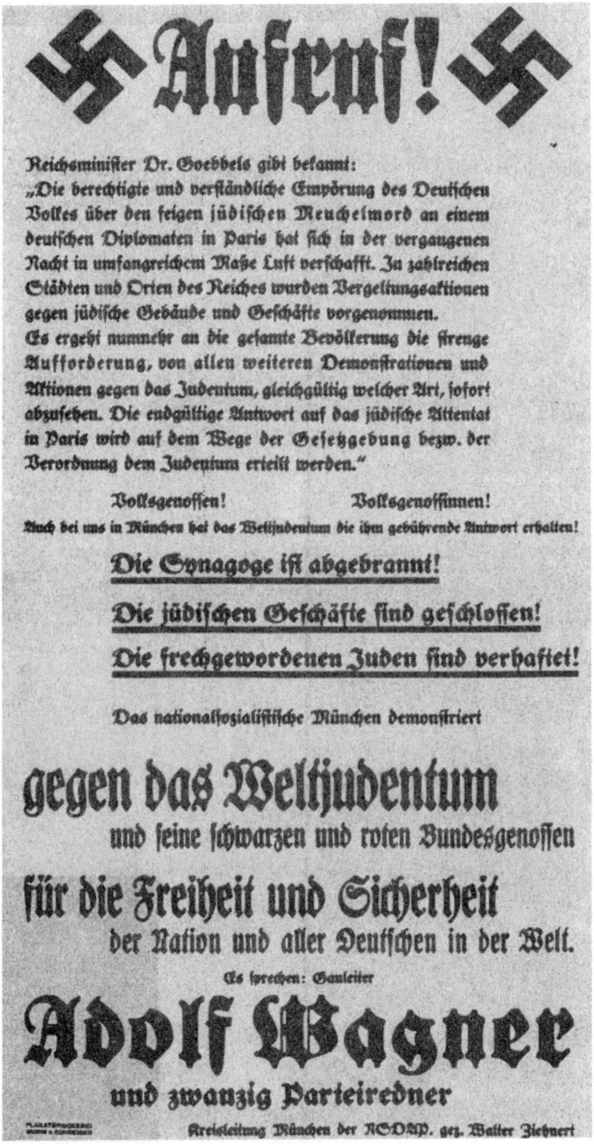

Aufruf!

Reichsminister Dr. Goebbels gibt bekannt:
„Die berechtigte und verständliche Empörung des Deutschen Volkes über den feigen jüdischen Meuchelmord an einem deutschen Diplomaten in Paris hat sich in der vergangenen Nacht in umfangreichem Maße Luft verschafft. In zahlreichen Städten und Orten des Reiches wurden Vergeltungsaktionen gegen jüdische Gebäude und Geschäfte vorgenommen.
Es ergeht nunmehr an die gesamte Bevölkerung die strenge Aufforderung, von allen weiteren Demonstrationen und Aktionen gegen das Judentum, gleichgültig welcher Art, sofort abzusehen. Die endgültige Antwort auf das jüdische Attentat in Paris wird auf dem Wege der Gesetzgebung bezw. der Verordnung dem Judentum erteilt werden."

Volksgenossen! Volksgenossinnen!

Auch bei uns in München hat das Weltjudentum die ihm gebührende Antwort erhalten!

Die Synagoge ist abgebrannt!

Die jüdischen Geschäfte sind geschlossen!

Die frechgewordenen Juden sind verhaftet!

Das nationalsozialistische München demonstriert

gegen das Weltjudentum
und seine schwarzen und roten Bundesgenossen

für die Freiheit und Sicherheit
der Nation und aller Deutschen in der Welt.

Es sprechen: Gauleiter

Adolf Wagner

und zwanzig Parteiredner

Kreisleitung München der NSDAP. gez. Walter Ziebnert

Oben: Das Ergebnis einer Razzia in einer Wiener Privatwohnung

Unten: Juden werden gezwungen, die Straßen mit Bürsten zu scheuern.

Anlage 12

Nationalsozialistische Deutsche Arbeiterpartei
Oberstes Parteigericht

Zentralamt.

München 33
Fernruf [illegible]

Akt. Z.: Son.Se. 12 Handz.: L. Go-Hz. den

I m N a m e n d e s F ü h r e r s .

In Sachen des

1. Pg. SA-Sturmführers Max U h l i c h ,
2. Pg. SA-Truppführers Emil S c h u d w i t z ,
3. PA. und SA-Rottenführers Fritz R ü c k s t e i n ,
4. SA-Sturmmannes Ernst K u b i n ,
5. PA. und SA-Scharführers Max T y b u s s e k ,
6. PA. und SA-Rottenführers Wilhelm S t r y s i o ,

sämtlich in Neidenburg i. Opr.

hat der Sondersenat des Obersten Parteigerichts in der Sitzung vom 12. Januar 1939 unter Mitwirkung

des Richters Pg. Schneider als Vorsitzenden und
der Richter Pg. Dr. Volkmann
Pg. Koch-Schweisfurth als Beisitzer
Pg. Gauleiter Adolf Wagner
Pg. SA-Gruppenführer
Damian als Schöffen

f ü r R e c h t e r k a n n t :

In Sachen des

1. Pg. SA-Sturmführers Max U h l i c h ,
2. Pg. SA-Truppführers Emil S c h u d w i t z ,
3. PA. und SA-Rottenführers Fritz R ü c k s t e i n ,
4. SA-Sturmmannes Ernst K u b i n ,
5. PA. und SA-Scharführers Max T y b u s s e k
6. PA. und SA-Rottenführers Wilhelm S t r y s i o

wird das Verfahren e i n g e s t e l l t .

- 2 -

Die Hauptverhandlung hat folgenden Sachverhalt ergeben:

Am 9. 11. 1938 veranstaltete die Kreisleitung Neidenburg der NSDAP eine Feier für die Gefallenen der Bewegung. Am Schlusse seiner Gedenkrede teilte Kreisleiter *Liedtke* den Zuhörern, unter denen auch die SA-Einheiten Neidenburgs sich befanden, mit, Gesandtschaftsrat vom Rath sei seinen Verletzungen erlegen. Der Kreisleiter wies in erregten Worten darauf hin, daß diese Ermordung auf dem Schuldkonto des gesamten Judentums zu buchen sei. Bei seinen Worten ging eine Welle der Empörung und der Unruhe durch die Reihen der Zuhörer.

Im Anschluß an die Feier wurden bei dem SA-Sturm 15 J. I, dem die Angeschuldigten sämtlich angehören, die Beförderungen bekanntgegeben. Die beförderten SA-Kameraden luden den Sturm zu einem Fäßchen Freibier in die Gastwirtschaft Loch ein. Es beteiligten sich im Laufe des Abends etwa 30 SA-Männer daran. Es wurde Bier und Schnaps, der im ganzen – mindestens 3 Flaschen – gekauft wurde, getrunken. Gegen Mitternacht erschien Sturmbannführer *Budzisch*; er wurde von SA-Männern, die sich bereits in gehobener Stimmung befanden, lärmend begrüßt und hoch gehoben. Nach zwei weiteren Stunden, in denen weiter getrunken und gesungen wurde, erschien gegen 2 Uhr morgens, gleichfalls laut begrüßt, der Kreisleiter; er bat den Sturmbannführer [. . .] in ein Nebenzimmer. Die SA-Männer hatten schon dadurch den Eindruck, daß etwas Außergewöhnliches geschehen sei oder geschehen werde. Im Nebenzimmer teilte der Kreisleiter dem Sturmbannführer mit, die Gauleitung habe ihm soeben fernmündlich die Durchführung einer Aktion gegen die Juden befohlen. Er legte dabei ein Blatt vor, auf das er sich den Inhalt des Gespräches mit Bleistift notiert hatte. Auf diesem Blatt stand etwa folgendes:

»Als Vergeltung für die Ermordung des Legationsrates vom Rath haben heute Nacht sämtliche Synagogen in Ostpreußen zu brennen. Ferner sind sämtliche jüdischen Geschäfte zu besetzen, die Juden zu verhaften und die Geschäftspapiere zu verbrennen. Werte dürfen nicht vernichtet werden. Die Maßnahmen sind gemeinsam mit der Stapo durchzuführen. Verantwortlich für die Aktion ist der Kreisleiter.«

[...] Als der Sturmbannführer den Zettel gelesen hatte, bat ihn der Kreisleiter, ihm einige Männer für die Durchführung der Aktion zur Verfügung zu stellen. Budzisch rief dann die Männer aus der Gaststube in den kleinen Nebenraum. Er gab ihnen kurz den Befehl der Gauleitung bekannt und sagte etwa: »Für den Tod des Pg. vom Rath sei das gesamte Judentum verantwortlich. Das deutsche Volk werde nunmehr Vergeltung üben. Der Kreisleiter werde ihnen Näheres sagen. Durch die Worte wurden die ohnehin angeheiterten Männer, die auch durch das Ungewöhnliche der Situation erregt waren, noch erregter; sie machten ihrer Erregung durch laute Zwischenrufe Luft. Der Kreisleiter sagte dann zu den ihn in Gruppen umringenden SA-Männern dem Sinne nach. »Ihr wißt ja, wo Juden wohnen, weiter brauche ich Euch wohl nichts zu sagen; Ihr sei ja SA-Männer. Ihr braucht die Juden nicht so sanft anfassen!« Nach diesen Worten glaubten die SA-Männer, insbesondere die 6 Angeschuldigten, nunmehr werde durch den von der Gauleitung übermittelten Befehl an den Juden blutige Rache genommen. Dementsprechende Rufe wurden laut. So rief Sturmführer Waschk, der sich mit ausgebreiteten Armen vor die Tür stellte: »Halt! Hier kommt niemand heraus; wer keinen Mut hat und kein Blut sehen kann, bleibt hier oder geht nach Hause.« Ein anderer rief: »Blut ist geflossen, Blut muß fließen!« Einzelne Männer zogen ihre Dolche und wetzten sie auf den Scheiden. Andere stimmten das Lied an: »Wetzt die langen Messer auf dem Bürgersteig!« Dabei stand der Sturmführer Uhlich, der gleichfalls seinen Dolch wetzte, unmittelbar vor dem Kreisleiter. Der Angeschuldigte Schudwitz ging auf den Kreisleiter zu, zeigte auf dessen Pistole und sagte: »So'n Ding möchte ich heute auch gerne haben!« Der Kreisleiter lächelte dazu, sagte aber nichts. Kreisleiter und Sturmbannführer verließen dann das Lokal, um sich mit der Geheimen Staatspolizei in Verbindung zu setzen und um die Feuerwehr zu alarmieren. [...]

Plötzlich kam jemand in den Raum gestürzt mit der Meldung: »Die Synagoge brennt!« Das faßten die Angeschuldigten als den Beginn der Aktion auf. Uhlich forderte *Schudwitz* und Rückstein auf, mit ihm zu kommen. Da Rückstein noch junger SA-Mann war, sagte *Schudwitz* zu ihm: »Wenn Du Dein Gewissen nicht belasten willst, dann bleib lieber hier!« Rückstein wollte aber mitgehen. Auf der Straße besprachen sich die 3 SA-Männer wo sie hingehen wollten. Auf Uhlichs Vorschlag gingen sie zunächst zum Haus des Juden Okonski, fanden das Haus aber verschlossen vor. Da sie keinen Lärm machen wollten, gingen sie weiter zum Haus des Juden Zack, dessen Haustür offen war. Rückstein mußte auf Befehl Uhlichs vor dem Hause stehen bleiben, um niemand herauszulassen. Schudwitz mußte sich im Flur vor die Wohnungstür der im Erdgeschoß liegenden Wohnung anderer Mieter stellen. Uhlich selbst ging die Treppe hinauf zur Zack'schen Wohnung, klopfte an die Wohnungstür und rief: »Eure Synagoge brennt, wollt Ihr nicht löschen kommen?« Eine Gestalt öffnete darauf einen Spalt breit die Tür, schlug sie aber sofort wieder zu, als sie einen SA-Mann vor der Tür stehen sah. Uhlich drückte darauf die Tür mit der Schulter ein und befand sich dann in einem nur kaum erhellten, düsteren Raum mehreren Personen gegenüber. Der Gestalt, die die Tür zugehalten hatte, griff der Angeschuldigte – er glaubte den alten Zack vor sich zu haben – an den Hals und warf sie in den Raum zurück. Als er dann weiter in den Raum hereintrat, fühlte er sich am Koppel gepackt, zog seinen Dolch und stach blindlings um sich. Er hörte eine Gestalt zu Boden fallen. Er stach auch auf die anderen Gestalten ein und verließ dann fluchtartig das Haus. Auf der Straße sah er, daß sein Dolch blutig war; er wischte ihn mit seinem Taschentuch ab und ging mit Schudwitz wieder in die Gastwirtschaft Loch zurück. Er trank dort 2–3 Schnäpse und schlief dann ein. Später stellte sich heraus, daß er die 56jährige Jüdin Zack durch seine Stiche getötet und ihre Söhne Aron, Kurt und Helmut Zack verletzt hatte. In der Gastwirtschaft Loch hatten sich ferner die Angeschuldigten Tybussek, Kubin und Strysio verabredet, zusammen loszugehen und einen Juden »kaltzumachen«. Tybussek hatte vorgeschlagen, zu dem Juden Naftali zu gehen. Als die Kunde vom Brande der Synagoge eintraf, gingen die drei Genannten zunächst zu der vermeintlichen Wohnung des Juden Naftali, fanden sie aber nicht. Kubin schlug daher vor, zu Naftalis Bruder, dessen Wohnung er kenne, zu gehen. Sie fanden die Haustür offen; sie gingen in den Hausflur und polterten dann heftig an die Wohnungstüre. Kubin hatte inzwischen sein Taschenmesser aufgeklappt und in die

Hand genommen. Auf das Klopfen wurde die Tür etwas geöffnet, aber sogleich wieder zugeschlagen, als die Angeschuldigten als SA-Männer erkannt wurden. Tybussek und Strysio rissen jedoch die Tür sofort wieder auf. [...]

Strysio hatte beim Eindringen in einer der beiden Gestalten sogleich den Juden Naftali erkannt. Er rief ihm zunächst zu: »Weißt Du, was heute passiert ist?« Als der Jude verneinte und an ihm vorbei die Wohnungstür zu erreichen versuchte, zog Strysio seinen Dolch und stach von oben Naftali in den Hals. Er stach dann noch zweimal auf ihn ein, bis er zu Boden sank. Tybussek war inzwischen mit dem Dolch in der Hand in das Schlafzimmer eingedrungen, in dem zwei Frauen im Bett lagen. Er wollte gerade auf eine der Frauen einstechen, als er sah, daß sie blond und gar keine Jüdin war. Er zog dann instinktiv die Bettdecke über den Kopf der Frau, damit sie nicht sah, was vorging. Alsdann verließen alle drei die Wohnung.

Der Jude Naftali ist den ihm durch Strysio zugefügten Verletzungen erlegen.

Dieser Sachverhalt beruht auf den glaubhaften Geständnissen sämtlicher Angeschuldigten und auf dem Zeugnis des Sturmbannführers Budzisch. [...]

Das Oberste Parteigericht geht daher bei der Beurteilung des Tatbestandes davon aus, daß die von den Angeschuldigten behauptete Äußerung des Kreisleiters: »Ihr braucht die Juden nicht so sanft anzufassen!« tatsächlich gefallen ist, ferner die Rufe nach blutiger Rache in Gegenwart des Kreisleiters laut wurden, ebenso wie das Wetzen der Dolche und das Anstimmen des Liedes: »Wetzt die langen Messer!« in seiner Gegenwart geschah. Es soll dem Zeugen Liedtke geglaubt werden, daß er der Ansicht war, die SA-Männer würden dem Befehl ihres Sturmbannführers gehorchen und im Lokal bis zur Erteilung weiterer Befehle warten. Trotzdem enthebt ihn dies nicht der Verantwortung für die weiteren Vorgänge. Der an ihn für die Aktion ergangene Befehl übertrug ihm ausdrücklich die Verantwortung. Es wäre deshalb angesichts der erregten Stimmung der unter dem Einfluß von Alkohol stehenden SA-Männer, die für jeden erkennbar war, seine Pflicht gewesen, in unmißverständlicher Weise vor Ausschreitungen zu warnen und alles zu tun, um sie zu verhindern. Er durfte sich als der verantwortliche Führer über diese Pflicht nicht mit der leichtfertigen Auffassung, es handele nicht nur um »Angeberei«, hinwegsetzen [...].

Für die Beurteilung des Verhaltens der Angeschuldigten kommt es jedoch hierauf wesentlich nicht an. Maßgebend ist allein, daß dieselben, wie ihnen nicht widerlegt werden kann und wie es nach der Überzeugung des Gerichts auch gewesen ist, an einen Befehl der Gauleitung zu blutiger Rache geglaubt und *nur* in Ausführung dieses vermeintlichen Befehls gehandelt haben, zumal der Kreisleiter gegenüber den SA-Männern nicht genau gesagt hat, welche Aktionen im Einzelnen durchzuführen wären und wie er sich den Verlauf vorstelle. Daß die Angeschuldigten in gutem Glauben an einen Befehl gehandelt haben, ergibt sich auch daraus, daß ein anderes Motiv zu den Tötungen nicht erkennbar ist. Keiner der Männer kannte die getöteten Juden näher oder hatte persönliche oder geschäftliche Beziehungen zu ihnen; irgendein persönliches Haß- oder Rachegefühl hat bei keinem von ihnen vorgelegen.

gez. Schneider
Vorsitzender
gez. Koch-Schweisfurth
Beisitzer
gez. Dr. Volkmann
Beisitzer

Die bis jetzt eingegangenen Meldungen der Staatspolizeistellen haben bis zum 11. 11. 1938 folgendes Gesamtbild ergeben:

In zahlreichen Städten haben sich Plünderungen jüdischer Läden und Geschäftshäuser ereignet. Es wurde, um weitere Plünderungen zu vermeiden, in allen Fällen scharf durchgegriffen. Wegen Plünderns wurden dabei 174 Personen festgenommen.

Der Umfang der Zerstörung jüdischer Geschäfte und Wohnungen läßt sich bisher ziffernmässig noch nicht belegen. Die in den Berichten aufgeführten Ziffern: 815 zerstörte Geschäfte, 29 in Brand gesteckte oder sonst zerstörte Warenhäuser, 171 in Brand gesetzte oder zerstörte Wohnhäuser, geben, soweit es sich nicht um Brandlegungen handelt, nur einen Teil der wirklich vorliegenden Zerstörungen wieder. Wegen der Dringlichkeit der Berichterstattung mußten sich die bisher eingegangenen Meldungen lediglich auf allgemeinere Angaben, wie »zahlreiche« oder »die meisten Geschäfte zerstört«, beschränken. Die angegebenen Ziffern dürften daher um ein Vielfaches überstiegen werden.

An Synagogen wurden 191 in Brand gesteckt, weitere 76 vollständig demoliert. Ferner wurden 11 Gemeindehäuser, Friedhofskapellen und dergleichen in Brand gesetzt und weitere 3 völlig zerstört.

Festgenommen wurden rund 20 000 Juden, ferner 7 Arier und 3 Ausländer. Letztere wurden zur eigenen Sicherheit in Haft genommen.

An Todesfällen wurden 36, an Schwerverletzten ebenfalls 36 gemeldet. Die Getöteten, bezw. Verletzten sind Juden. Ein Jude wird noch vermißt. Unter den getöteten Juden befinden sich ein, unter den Verletzten 2 polnische Staatsangehörige.

Aus Monatsbericht des Oberbürgermeisters von Ingolstadt (Oberbayern), 1. 12. 1938

Die Aktion gegen die Juden wurde rasch und ohne besondere Reibungen zum Abschluß gebracht. Im Verfolg der Maßnahme hat sich ein jüdisches Ehepaar in der Donau ertränkt ...

Aus Monatsbericht des Regierungspräsidenten von Ober- und Mittelfranken, 8. 12. 1938

... Die freche Herausforderung des Weltjudentums durch den feigen Mord in Paris war für zahlreiche Lehrer des Regierungsbezirks Veranlassung, aufgrund ihrer nationalsozialistischen Einstellung zur Judenfrage den Religionsunterricht niederzulegen.

Im Verlauf der Protestaktion gegen die Juden wurden in Wunsiedel auch zwei evangelische Geistliche und vier katholische Pfarrer, die als »Judenknechte« gelten, durch die empörte Volksmenge auf die Polizeiwache verbracht und dort vorübergehend festgehalten. In den Pfarrhäusern wurde eine Anzahl Fensterscheiben zertrümmert ...

Im Zuge der Protestaktion gegen das jüdische Mördergesindel wurden im Regierungsbezirk 772 Juden festgenommen, von denen sich noch 389 in Haft befinden. Außerdem wurden nach dem Bericht der Staatspolizeistelle Nürnberg-Fürth 17 Synagogen ausgebrannt, 25 Synagogen demoliert, 115 jüdische Geschäfte zerstört; weitere 39 jüdische Geschäfte wurden nur geschlossen. In 594 jüdischen Wohnungen wurde die Inneneinrichtung zerstört bzw. beschädigt. Außerdem wurde das Geschäft einer Deutschblütigen beschädigt, weil der Bevölkerung bekannt war, daß die Inhaberin mit einem Juden Rassenschande getrieben hatte ... Judenfrei sind bereits die Städte Dinkelsbühl, Eichstätt, Schwabach, Zirndorf und die Bezirke Hersbruck, Neustadt a. d. Aisch, Nürnberg, Pegnitz, Rothenburg o. d. Tauber und Staffelstein ..

a) in Hamburg

10. 11. 38

Ein böser, böser Tag. Fr. erfuhr es zuerst bei Grünmann, daß jüdische Geschäfte zerstört und geschlossen seien. Wir gingen zur Stadt, besorgten etwas... Die Leute unheimlich geschäftig, beschäftigt, Gruppen, Zusammenballungen, Sperrungen, all die großen jüdischen Geschäfte geschlossen, [bei] Robinsohn, Hirschfeld sämtliche Scheiben zertrümmert, ein fortwährendes Scheppern und Klirren von prasselnden Scheiben, an denen die Glaser arbeiteten; nie hörte ich so etwas an Klirren. Schweigende, erstaunte und zustimmende Leute. Eine häßliche Atmosphäre. – »Wenn sie drüben unsere Leute totschießen, dann muß man so handeln«, entschied eine ältere Frau. Um 18 Uhr im Rundfunk: Demonstrationen und Aktionen gegen die Juden seien sofort einzustellen. – Die Antwort auf den Mord an Herrn vom Rath werde der Führer auf dem Verordnungswege geben. – Goebbels läßt das sagen.

D. h. unser Schicksal läuft langsam dem Untergang zu.

An der Synagoge waren fast alle Scheiben zertrümmert, auch das Innere war wohl zerstört. Die Leute sahen durch die Türöffnungen hinein. Polizei stand im Vorgarten. Unablässig zogen die Menschen vorüber.

Abends brachten Gi. und ich einen kleinen Hund auf unsere Polizeiwache; ein Jude wurde untersucht, in einer Ecke lag auf einem Stuhl ein totenbleicher Mensch. Der kleine Hund beschnupperte den Mann: »Pfui, laß«, sagte der Polizeibeamte zu ihm, »das ist ein Jude.«

b) in München

Als die SA-Leute bei uns im Heim in der Kaulbachstraße erschienen und erklärten, wir müßten sofort alle aus dem Haus verschwinden, erzählte mir eine kleine alte Frau von dreiundachtzig Jahren, [...] »da bin ich zu einem SA-Mann gegangen und habe ihn gefragt, wo ich denn hingehen sollte, ich hätte keine Verwandten mehr. Wissen

Sie, was er mir geantwortet hat? ›Der Starnberger See hat genug Platz für euch alle!‹«

Jeder Ausgang in diesen ersten Tagen nach dem 10. November kostete Überwindung. Wenn die Wohnungstür hinter mir zufiel, hatte ich das Gefühl, mich erst straffen und wappnen zu müssen, einer grausamen Außenwelt gegenüber.

An jedem Geschäft der Stadt (mit ganz geringen Ausnahmen) prangten große Schilder: »Juden ist der Zutritt verboten!«, von sämtlichen öffentlichen Gebäuden, Cafés und Lokalen gar nicht zu reden.

Ohne weiteres konnte ich jede jüdische Frau, jedes jüdische Mädchen erkennen (die Männer waren inzwischen fast ausnahmslos nach Dachau gebracht worden, und die wenigen, die der Gestapo entgangen waren, hielten sich versteckt) [...] an dem geradezu steinernen Gesichtsausdruck, den jede wie eine Maske trug, an den starr blickenden Augen, die keinen Menschen ansahen, sondern durch alle hindurchzusehen schienen.

Wenn übrigens durch die Inschriften von der Partei bezweckt worden war, den Juden den Einkauf unmöglich zu machen, sie an den dringendsten Bedürfnissen des täglichen Lebens Not leiden zu lassen, so ist dieser Zweck nicht nur nicht erreicht, sondern beinahe in sein Gegenteil verkehrt worden. Die Nachbarn und Bekannten, ja in vielen Fällen die Inhaber der Geschäfte, die jüdische Familien zu Kunden hatten, beeilten sich, ihnen alles, was sie brauchten, oft in Fülle und Überfülle, in die Wohnungen zu bringen.

c) in Berlin

Am Morgen jenes 10. November hatten sich die Nachrichten überschlagen. Auf den Straßen Berlins war die Hölle los. Mit Äxten, Beilen und Knüppeln hatten SA-Männer in der Nacht des 9. November die Fensterscheiben der durch ihre Kennzeichnung leicht auszumachenden jüdischen Geschäfte eingeschlagen und eine heillose Zerstörung angerichtet. Auf dem Kurfürstendamm lagen besudelte Schaufensterpuppen inmitten von Glasscherben. Aus leeren Fensterhöhlen flatterten Kleiderfetzen im Wind. Plünderer hatten das

Bild der Zerstörung und der Gewalt noch vervollständigt. In den Geschäften lagen herausgerissene Schubladen, verstreute Wäschestücke, zertrümmerte Möbel, zerschlagenes, zertretenes Porzellan, verbeulte Hüte. Dichte Rauchschwaden hingen über der Fasanenstraße, dort wo die Synagoge stand. Wir wagten uns nicht näher heran. Wir wußten schon, daß alle Synagogen von der »spontanen« Volkswut, wie es im Rundfunkt geheißen hat, angezündet und niedergebrannt worden waren. Polizei und Feuerwehr hatten untätig dabeigestanden und sich darauf beschränkt, die Schaulustigen von den Brandstellen fernzuhalten.

Wir hatten uns davon überzeugen wollen, was unsere Freunde am Telefon berichtet hatten, und waren am frühen Morgen auf die Straße gegangen. Meine Eltern blickten wie versteinert auf das angerichtete Unheil. Plötzlich rief ein Friseur, der in seinem weißen Kittel vor seinem Laden stand und uns beobachtet haben mußte, meinem Vater zu:

»Telech man, du Jude, telech man!« Sein fettes grinsendes Gesicht drückte Schadenfreude aus. Mein Vater war herumgefahren, hatte meine Mutter am Ärmel gefaßt, um schleunigst mit uns davonzueilen.

Meine Mutter indes, die keine Angst kannte, fuhr den verdutzten Friseur an: »Sie verfluchtes Schwein!«

Mein Vater wurde kreideweiß vor Angst: »Um Gottes willen, schweig!« rief er. Aber meine Mutter riß sich von ihm los und auf den in seinen Laden zurückweichenden Friseur zugehend schrie sie ihn noch mal an: »Sie verfluchtes Schwein!« Als sie schließlich von dem Friseur abgelassen hatte, wandte sie sich wieder meinem Vater zu und sagte, nun ganz ruhig: »Man darf sich schließlich nicht alles gefallen lassen.«

Der Ausbruch der »spontanen Volkswut«, der Berichten zufolge in der Provinz durch Übergriffe auf die Privatwohnungen jüdischer Mitbürger noch schlimmere Folgen angenommen hatte als in Berlin, war der harmlose Auftakt einer »Vergeltung«, wie es hieß, für den »feigen Mord« des Polen Herschel Grynszpan an dem deutschen Diplomaten Ernst vom Rath in der Deutschen Botschaft von Paris.

10. November 1938

Gestern ist in Paris ein Mord geschehen, ein polnischer Jude hat einen Sekretär der deutschen Botschaft erschossen.

Das müssen die deutschen Juden nun büßen. Schon gestern wurden Stimmen laut, sie fragten: »Wie konnte der Mann so weit eindringen? In keiner Botschaft ist ohne weiteres Zutritt möglich.« Und sie sagen: »Das ist ein zweiter Reichstagsbrand, der Mann war von den Nazis selbst gedungen. Herr v. R. – ohnehin ein schwerkranker Mann – stand auf der schwarzen Liste...«

Heute früh erzählte mir dann ein Mädchen: »Heute nacht haben sie wohl wieder allerhand angestellt. Im Pelzgeschäft nebenan sind die Schaufenster eingeschlagen und alles gestohlen.« Ich hörte nur mit halbem Ohr zu. Man ist ja schon an solche Dinge hier gewöhnt. Kurz darauf machte ich mich auf den Weg in die Klinik. Komisch, so viele Glassplitter auf der Straße! In dem schönen, eleganten Modegeschäft sind ja sämtliche Scheiben eingeschlagen, die Schaukästen leer. Auch im nächsten Geschäft und gegenüber bei Etam, in dem feinen Strumpfgeschäft ist es das gleiche. Was haben sie bloß wieder gemacht?, denke ich. Da höre ich eine gutangezogene Dame im Vorbeigehen zu ihrem Mann sagen: »Recht geschieht es der verdammten Judenbande, Rache ist süß!«

Jetzt erst beginne ich zu erfassen, was geschehen ist und sehe mich richtig um. Scherben, Scherben, demolierte Geschäfte, soweit in der Kaiserallee überhaupt jüdische Geschäfte noch sind. Voller Ekel wende ich mich ab und gehe wieder nach Hause. Wohl höre ich einige unwillige Bemerkungen über diese Vorgänge aus den Reihen der Passanten; die meisten aber gehen scheu und still durch die Straßen. [...]

½ 10 Uhr abends. Es klingelt zweimal kurz und scharf hintereinander. Ich gehe an die Tür: »Wer ist da?« – »Aufmachen! Kriminalpolizei!« Ich öffne zitternd, und ich weiß, was sie wollen. »Wo ist der Herr Doktor?« – »Nicht zu Hause«, sage ich. – »Was? Die Portierfrau hat ihn doch nach Hause kommen sehen.« – »Er war zu Hause, aber er ist wieder weggerufen worden.« – Sie gehen auf die erste Tür. Geschlossen. Die zweite Tür. Geschlossen. »Hier sind unsere Praxisräume«, erkläre ich. »Ich schließe abends immer zu, wenn ich allein zu Hause bin, seit wir einmal bestohlen worden sind.« Sie gehen an die nächste Tür. »Bitte nicht rütteln«, sage ich. »Hier schläft mein Kind.« – »Den jüdischen Dreh kennen wir.« Und – mir den Revolver unter die Nase haltend – »noch ein Wort, und die Kugel sitzt Ihnen im Hirn. Wo haben Sie Ihren Mann versteckt?« Meine Knie zittern. Nur ruhig bleiben, ruhig bleiben, sage ich zu mir selber. »Ich lüge nicht. Mein Mann ist nicht zu Hause. Aber bitte erst mein Kind, dann mich. Und treffen Sie gut.« Und ich öffne die Tür, die ins Zimmer des schlafenden Kindes führt. Schon schicken die beiden Kerle sich an zu gehen. Endlich scheinen sie mir Glauben zu schenken. Doch in diesem Augenblick höre ich, wie die Türe zu unserer Wohnung aufgeschlossen wird. Mein Mann kommt – er kommt, der Unglückselige, in dem Augenblick, da ich ihn gerettet wähne. Und wie er geht und steht, führen sie ihn ab. »Danken Sie Ihrem Herrgott, daß Ihrer Frau nicht die Kugel im Hirn sitzt.«

Noch einmal wagt der Bursche, das zu sagen, und er wagt es, den Namen Gottes in den Mund zu nehmen. Und sie gehen mit meinem Mann. Ich renne ihnen nach auf die Straße. »Wohin mit meinem Mann, was ist mit meinem Mann?«

Brutal stoßen sie mich zurück. »Morgen auf dem Alexanderplatz können sie ja nach ihm fragen.« Und ich sehe, wie sie in ein Auto steigen und davonfahren mit meinem Mann in die dunkle Nacht.

Judenpogrome in Deutschland.

Niedrigste Instinkte toben sich aus. — Synagogen brennen. Plünderungen. — Schlimmste Terrorakte.

Die Schüsse von Paris haben ein Ventil geöffnet.

Berlin, 10. Nov. ag. Nach Bekanntwerden des Ablebens des deutschen Diplomaten von Rath in Paris haben sich, wie das Deutsche Nachrichtenbureau berichtet, im ganzen Reich judenfeindliche Kundgebungen und vielfach antijüdische Aktionen zugetragen.

In Berlin.

Paris, 10. Nov. ag. Der Agentur Havas wird aus Berlin gemeldet: In Berlin-Westen brennen fünf Synagogen.

Weiter wird gemeldet, daß die Fensterscheiben verschiedener von Juden bewohnter Häuser in der vergangenen Nacht eingeschlagen wurden.

Die Quartiere im Westen Berlin, wo die jüdischen Geschäfte immer noch sehr zahlreich sind, boten am Donnerstag früh nach den judenfeindlichen Kundgebungen, die nach dem Bekanntwerden des Ablebens von Raths diese Nacht stattgefunden hatten, einen befremdlichen Anblick. Die Schaufenster sämtlicher jüdischer Geschäfte sind zerschlagen. Die Polizei bewacht die Geschäfte. Auch am Kurfürstendamm und in der Tauenzienstraße, wo sich ebenfalls viele jüdische Geschäfte befinden, sind die Spuren der Demonstrationen sichtbar. Auch die Geschäfte ausländischer Juden hatten unter den Ausschreitungen zu leiden.

Die Plünderungen dauern an. Am Kurfürstendamm und in den Nachbarstraßen verwüsten Gruppen von vier bis fünf jungen Männern, die mit Holzhämmern oder Säbeln ausgerüstet sind, die jüdischen Geschäfte, wobei von den Manifestanten Rufe ausgestoßen werden, wie „Juda verrecke, Tod den Juden!" Vor den jüdischen Lebensmittelgeschäften verteilen junge Leute Käse und andere Lebensmittel, die sie aus den Schaufenstern entwendet haben. Die Menge sieht dem Treiben der Manifestanten stillschweigend zu. Auf den Straßen und in den Geschäften ist kein einziger Jude zu erblicken. Sie haben sich in ihre Wohnungen zurückgezogen. In den jüdischen Cafés ist alles kurz und klein geschlagen.

In München.

Paris, 10. Nov. ag. Der Agentur Havas wird gemeldet:

In München wurden die Schaufenster der jüdischen Bank Martin Aufhauser zertrümmert. Martin Aufhauser ist festgenommen worden. Der zweite Teilhaber dieser Bank, Krämer, beging mit seiner Frau Selbstmord. In Nürnberg wurden jüdische Läden geplündert. Uniformierte S.A.-Gruppen drangen in jüdische Wohnungen und zertrümmerten das Mobiliar.

Die einzige nach der Zerstörung der Hauptsynagoge während des letzten Monats übrig gebliebene Synagoge wurde in Brand gesteckt. Die Feuerwehr kam zu spät, um das Feuer einzudämmen, das auf eine hinter der Synagoge gelegene Judenschule übergriff. Die Polizei nahm in den Judenviertel Razzien vor, bei denen die Männer aus den Betten gerissen und zum Verlassen ihrer Wohnungen gezwungen wurden. Sie wurden in Polizeibaracken übergeführt.

Alle in München wohnenden Juden mußten sich am Donnerstag vor 18 Uhr in den Polizeikommissariaten eintragen lassen und die Schlüssel zu ihren Wohnungen und Garagen abgeben. Ferner wurde ihnen eine Frist von 48 Stunden gesetzt, in welcher sie München zu verlassen haben. Die Frist begann von Donnerstag 16 Uhr an zu laufen. Zahlreiche Juden mußten die Hotels und möblierten Wohnungen verlassen. Mehrere jüdische Wohnhäuser wurden in Brand gesteckt. Bis jetzt sind 500 jüdische Männer und Frauen in München verhaftet worden.

In andern Städten.

In den meisten deutschen Städten durchzogen organisierte Gruppen die Straßen und unternahmen systematische Ueberfälle auf jüdische Geschäfte. Dabei wurden die Schaufenster und die Fensterscheiben der von Juden bewohnten Häuser eingeschlagen.

In Frankfurt am Main wurden zwei Synagogen zerstört. Ein in einer dritten Synagoge beginnender Brand konnte gelöscht werden. In der Stadt werden weiterhin jüdische Läden zerstört. Auch die Synagogen in Köln und Aachen wurden zerstört.

Dem Vernehmen nach sind in Wien zwei Synagogen geplündert und zahlreiche Juden von der Polizei festgenommen worden. In Bayreuth wurden die dortigen Synagogen in Brand gesteckt.

Goebbels kündigt schärfste Maßnahmen an.

Berlin, 10. Nov. ag. (D.N.B.) Minister Dr. Goebbels hat folgende Bekanntmachung erlassen:

„Die berechtigte und verständliche Empörung des deutschen Volkes über den feigen jüdischen Meuchelmord an einem deutschen Diplomaten in Paris hat sich in der vergangenen Nacht in umfangreichem Maße Luft verschafft. In zahlreichen Städten und Orten des Reiches wurden Vergeltungsaktionen gegen jüdische Gebäude und Geschäfte vorgenommen. Die endgültige Antwort auf das jüdische Attentat in Paris wird auf dem Wege der Gesetzgebung bzw. der Verordnung dem Judentum erteilt werden."

4. Reaktionen und Wirkungen

»Mir wäre lieber gewesen, ihr hättet 200 Juden erschlagen und hättet nicht solche Werte vernichtet.«

Hermann Göring, 12. November 1938

Fortsetzung der Pogrome

Obwohl die Reichspropagandaleitung der NSDAP bereits am 10. November die Bevölkerung aufgefordert hatte, »von allen weiteren Demonstrationen und Aktionen gegen das Judentum« abzusehen (vgl. oben 3.6), gingen die Pogrome an vielen Orten des Deutschen Reiches unvermindert weiter. Zahlreiche Nationalsozialisten und der in ihrem Gefolge marodierende Mob nutzten die Ausnahmesituation zur persönlichen Bereicherung, zur Demonstration ihrer vermeintlichen Überlegenheit und zum Austoben sinnloser Gewalt. Noch am 10. November sah sich der »Stellvertreter des Führers« genötigt, die Gauleitungen wiederholt darauf hinzuweisen, daß »auf ausdrücklichen Befehl allerhöchster Stelle [...] Brandlegungen an jüdischen Geschäften oder dergleichen auf gar keinen Fall und unter gar keinen Umständen erfolgen« dürften.[1] Diese Anordnung ist nicht als Aufruf zur Mäßigung im Kampf gegen das Judentum zu verstehen, sondern als Versuch der wirtschaftlichen und außenpolitischen Schadensbegrenzung.

Der antisemitische Aktionismus der nationalsozialistischen Parteibasis war offensichtlich außer Kontrolle geraten und kaum noch zu zügeln. Einem Bericht des SD-Unterabschnitts Wien vom 10. November zufolge »wurden viele Stimmen laut, die bedauerten, daß mit den Aktionen nicht fortgesetzt werden dürfe, denn der heutige Tag sei *die* Gelegenheit, um mit dem Wiener Judenproblem radikal aufzuräumen«.[2]

Überführung der verhafteten Juden in Konzentrationslager

Zwischen dem 10. November und 22. Dezember 1938 ließen die nationalsozialistischen Machthaber nahezu 30 000 männliche, insbesondere wohlhabende Juden verhaften und in die Konzentrationslager Dachau, Buchenwald und Sachsenhausen abtransportieren. Allein in Dachau wurden 10 911 Juden eingeliefert. Die Transporte kamen aus München, Regensburg, Mannheim, Heidelberg, Karlsruhe, Augsburg, Bamberg, Fürth, Heilbronn, Ulm a. d. Donau, Stuttgart, Wien, Graz, Nürnberg, Frankfurt am Main, Saarbrücken, Köln, Offenbach, Düsseldorf, Wuppertal und Essen. Bis zum August 1939 wurden 10 415 Häftlinge wieder entlassen, 185 fanden in Dachau den Tod.

Baden-Baden, 10. November 1938

Die Zahl der ins Konzentrationslager Buchenwald verbrachten sogenannten »Aktionsjuden« belief sich auf insgesamt 9 845, davon kamen 8 311 bis zum 3. Januar 1939 wieder frei.[3] Die Entlassung der jüdischen Häftlinge wurde von der Vorlage gültiger Auswanderungspapiere und der Bereitschaft zur »Arisierung« ihrer Betriebe beziehungsweise Vermögensanlagen abhängig gemacht.

Während für Dachau und Buchenwald genaue Angaben vorliegen, schwanken die Schätzungen der ins Konzentrationslager Sachsenhausen eingelieferten Juden aus Berlin und Norddeutschland zwischen 6 000 und 10 000.[4]

Harry Naujoks, der 1934 wegen »Vorbereitung zum Hochverrat« zunächst ins Zuchthaus und dann 1936 als politischer Häftling (KPD) ins Konzentrationslager Sachsenhausen kam, wo er von 1939 bis 1942 Lagerältester war, schildert in seinen Erinnerungen die Masseneinlieferung der Juden: »Und dann kamen Tag für Tag die Kolonnen jüdischer Häftlinge, total eingeschüchtert, geschunden und in großer Verwirrung. Insgesamt waren es fast 6 000 Menschen. Es war damals sehr kalt, und nicht alle konnten in Baracken untergebracht werden. Was wir wenige Monate vorher bei der ASO [Asozialen]-Aktion erlebt hatten, wiederholte sich: Das Gebrüll der schlagenden und tretenden SS-Leute, das sinn- und ziellose Hin- und Herjagen der verzweifelten Neuankömmlinge.« Und doch habe es noch eine Steigerung gegeben: »Die Menge der meist elegant Gekleideten, Beleibten oder Brillenträger reizte die SS-Leute noch mehr auf.«[5]

Siegmund Weltlinger, ehemals jüdischer Häftling, berichtet über seine Ankunft in Sachsenhausen: »Nach langer Fahrt über die nördlichen Vororte Berlins landeten wir im Konzentrationslager Sachsenhausen. Als wir in der Dunkelheit vom Wagen springen mußten, wurden wir von SS-Leuten mit Ohrfeigen, Fußtritten und Kolbenstößen empfangen. Dann wurden wir durch ein großes Tor auf den riesigen, durch drei große Scheinwerfer erleuchteten Lagerplatz getrieben. Dort wurden wir geordnet und durch eine Ansprache des Lagerkommandanten begrüßt. Er sagte ungefähr folgendes: ›Ihr seid hier als Sühne für die feige Mordtat eures polnischen Rassegenossen Grynszpan. Ihr müßt als Geiseln hierbleiben, damit das Weltjudentum nicht weitere Morde unternimmt. Ihr seid hier nicht in einem Sanatorium, sondern in einem Krematorium. Jedem Befehl der SS ist Folge zu leisten. [...] Bei einem Fluchtversuch wird geschossen. Eure

Verpflegung müßt ihr abarbeiten. Wer werden dafür sorgen, daß eure dicken Bäuche verschwinden.‹«[6]

Unter den jüdischen Häftlingen waren viele, so erinnert sich Naujoks, die angesichts der bedrückenden Lage im KZ ihre Betriebe »arisieren« ließen. »Sie mußten ›Arisierungsverträge‹ unterschreiben. Viele taten es unter dem Versprechen der SS, daß sie nach Unterschriftsleistung und Bereitschaftserklärung zur Auswanderung entlassen [...] würden. Es waren aber auch viele, die sich zunächst weigerten. Auf diese richtete sich die Wut der SS besonders. Mit allen Mitteln wurden sie bis an die Grenze des Todes getrieben, Tod durch Erschöpfung oder Selbstmord.«

Im Winter 1938/39 mußten vorwiegend jüdische Häftlinge mit bloßen Händen den Schnee im Lager räumen. Vielen erfroren dabei Hände und Füße. Ihre Behandlung im Krankenrevier war nur mit Hilfe der Häftlingspfleger möglich, die auch zahlreiche Notamputationen durchführen mußten, denn der Lagerarzt, SS-Sturmführer Dr. Ehrsam, verweigerte seine Hilfe mit dem Hinweis: »Für Juden stelle ich nur Totenscheine aus.« Siegmung Weltlinger berichtet, daß im Jüdischen Krankenhaus Berlin etwa 600 Amputationen von erfrorenen Gliedern ehemaliger Häftlinge vorgenommen wurden.[7]

Anfang 1939 wurde der größere Teil der nach den Novemberpogromen inhaftierten Juden wieder entlassen. »Aus eleganten, wohlgenährten Persönlichkeiten waren verängstigte Elendsgestalten geworden, manche mit Verbänden am Körper. [...] Wo auch immer sie nach ihrer Entlassung erscheinen würden, müßten sie Aufsehen erregen: die Köpfe kahlgeschoren, die Angst noch im Gesichtsausdruck und ihre Kleidung zu groß, zu weit und durch die Desinfektion völlig verknittert. Der Berliner Bevölkerung wurde an einigen tausend entlassenen Juden demonstriert, was ein faschistisches Konzentrationslager in kurzer Zeit aus Menschen machen konnte.«[8]

Besprechung über die Judenfrage am 12. November 1938

Die Richtziele und Modalitäten zur endgültigen Entrechtung der Juden wurden bei der Besprechung im Reichsluftfahrtministerium am 12. November 1938 unter Vorsitz von Hermann Göring festgelegt. Wie Göring in seiner Einführung betonte, sei er von Hitler ermächtigt worden, »die entscheidenden Schritte zentral zusammenzufassen« (vgl. 4.1). An der Sitzung nahmen die Spitzen oder deren Vertreter aller betroffenen Ressorts teil: Frick (Reichsinnenminister), Gürtner (Reichsjustizminister), v. Krosigk (Reichsfinanzminister), Goebbels (Reichsminister für Volksaufklärung und Propaganda), Funk (Reichswirtschaftsminister), Kerrl (Reichsminister für kirchliche Angelegenheiten), Stuckart (Staatssekretär im Reichsinnenministerium), Heydrich (Chef der Sicherheitspolizei und des SD), Daluege (Chef der Ordnungspolizei), Woermann (Unterstaatssekretär im Auswärtigen Amt), Bürckel (Gauleiter und Reichskommissar in Wien), Blessing (Mitglied des Reichsbankdirektoriums) und Hilgard (Repräsentant der Versicherungswirtschaft). Die stenographische Niederschrift eines Teils dieser Besprechung ging in die Akten des Internationalen Militärgerichtshofes von Nürnberg ein, nach deren Publikation dieses Schlüsseldokument bislang immer – als Sekundärquelle – zitiert wurde.[9] Die Suche nach den unbekannten Protokollteilen führte zwar nicht unmittelbar zu dem gewünschten Ergebnis, brachte aber Licht in die Entstehungsgeschichte der in den National Archives Washington erhaltenen Niederschrift.

Am 25. März 1948 erklärte der Parlamentsstenograph Dr. Fritz Dörr, geboren am 9. August 1899, wohnhaft in Berlin-Steglitz, an Eides Statt gegenüber einer US-amerikanischen Militärbehörde in Berlin: »Ich habe die Sitzung über die Judenfrage, die am 12. 11. 1938 im Reichsluftfahrtministerium unter Vorsitz des damaligen Generalfeldmarschalls Göring stattfand, mit anderen Kollegen zusammen als beamteter Reichstagsstenograph im amtlichen Auftrag des Stenographenbüros des Deutschen Reichstags stenographiert und habe die maschinenschriftliche Übertragung damals an meine vorgesetzte Dienststelle abgeliefert. Das Ur-Stenogramm war aber in meinem Besitz verblieben. Als ich es nach dem Zusammenbruch 1945 wiederfand, habe ich es wegen seiner Bedeutung noch einmal in Maschinenschrift mit einem Durchschlag übertragen und habe das erste Exemplar Herrn Dr. Fischer, dem früheren Direktor der Reichstagsbibliothek, übergeben, der uns Stenographen gebeten hatte, ihm solche Dokumente zwecks späterer Auswertung zur Verfügung zu stellen, den Durchschlag Herrn Vossen, dem letzten Leiter des Reichstags-Stenographenbüros. Dieser Durchschlag gelangte durch Herrn Vossen in den Besitz des amerikanischen Hauptquartiers in Berlin-Zehlendorf. Daraufhin wurde ich im August 1945 – das Datum kann ich nicht mehr genau angeben – zusammen mit Herrn Vossen zum amerikanischen Hauptquartier gerufen, wo ich das Ur-Stenogramm ablieferte und auch das Hauptexemplar der Übertragung von Herrn Dr. Fischer herbeischaffen konnte. Damals habe ich bereits eine eidesstattliche Erklärung über das Stenogramm und die zugehörige Übertragung abgegeben.

Das in den Händen des amerikanischen Gerichts befindliche Schriftstück (1816 PS) ist also eine Übertragung des damals aufgenommenen Stenogramms und stellt eine getreue Wiedergabe der damaligen Verhandlungen dar, soweit ich selbst als Stenograph tätig war. Es fehlen die auf meine Kollegen entfallenden Teile (etwa die Hälfte der ganzen Sitzung).«[10]

Daß diese Niederschrift eine »getreue Wiedergabe der damaligen Verhandlungen« darstellt, bestätigt ein Vergleich mit der im Auswärtigen Amt überlieferten »streng vertraulichen« Aufzeichnung des Unterstaatssekretärs Woermann, die dieser zur Unterrichtung des Reichsaußenministers von Ribbentrop noch am 12. November gefertigt hatte. In neun Punkten faßte Woermann die wesentlichen Ergebnisse der Besprechung wie folgt zusammen:

»1. Arisierung der Wirtschaft soll beschleunigt durchgeführt werden. [...]
2. Enteignungen von jüdischem Grundbesitz, Kunstgegenständen, Schmuck, Aktien usw. Frage ist einem kleinen Ausschuß unter Vorsitz Reichsministers Funk überwiesen.

3. Sofortige Prüfung durch zuständige innere Ressorts der Frage der Zwangsarbeit des jüdischen Proletariats. Prüfung der Frage der Beschränkung der Freizügigkeit der Juden (Ghettos?) sowie einer Reihe von Einzelmaßnahmen wie Verbot des Besuchs von Kurorten, Bädern, Wäldern, der Benutzung von Schlafwagen, Besuch deutscher Schulen durch jüdische Kinder usw.
4. Verbot des Besuchs von Theatern, Konzerten, Kinos usw. durch Juden [...]
5. Auferlegung einer einmaligen Kontribution von einer Milliarde Reichsmark an die deutschen Juden [...]
6. Jüdische Auswanderung soll auf jede Weise gefördert werden.
7. Der durch Aktion gegen Juden letzter Tage entstandene Schaden soll in noch festzulegender Form zu Lasten deutscher Juden gehen [...].
8. Strengstes Verbot eigenmächtiger Aktionen [...].
9. Habe Frage der Beteiligung ausländischer Juden angemeldet und Beteiligung Auswärtigen Amts an allen Maßnahmen generell und im Einzelfall sichergestellt. Ausgangspunkt dabei, daß Rücksicht auf Ausland nur zu nehmen ist, wenn vorwiegendes Reichsinteresse dazu zwingt; Zusage der Berücksichtigung vertraglicher Verpflichtungen.«[11]

Vergleicht man die Aufzeichnungen Woermanns mit der Niederschrift des Stenographen Dörr, erschließen sich auch jene Passagen der Besprechung, die bislang nicht überliefert sind. Dazu gehören Teile von Punkt 2 (Enteignungen) und Punkt 3 (Zwangsarbeit für das jüdische Proletariat).

Die »Besprechung über die Judenfrage« vom 12. November 1938 markiert im Ergebnis den Übergang von der Verfolgung zur existentiellen Vernichtung der Juden in Deutschland. Kontinuität im allgemeinen, Opportunismus und Improvisation der nationalsozialistischen Judenpolitik im einzelnen werden gleichermaßen sichtbar. Neuartig ist die Koordination aller antijüdischen Maßnahmen durch Göring, der dann in der Folgezeit die entscheidenden Befugnisse an Heydrich, den Chef der Sicherheitspolizei und des SD, delegierte. Konsequenz und Zielorientierung der nationalsozialistischen Judenpolitik brachte Göring unverhüllt mit den drohenden Worten zum Ausdruck: »Wenn das Deutsche Reich in irgendeiner absehbaren Zeit in außenpolitischen Konflikt kommt, so ist es selbstverständlich, daß auch wir in Deutschland in aller erster Linie daran denken werden, eine große Abrechnung an den Juden zu vollziehen.«

Die sich im Laufe der Besprechung radikalisierende Entschlußbildung bestätigt Goebbels in seiner Tagebuchnotiz vom 13. November 1938: »Konferenz bei Göring über die Judenfrage. Heiße Kämpfe über die Lösung. Ich vertrete einen radikalen Standpunkt. Funk ist etwas weich und nachgiebig. Ergebnis: die Juden bekommen eine Kontribution von einer Milliarde auferlegt. Sie werden in kürzester Frist gänzlich aus dem wirtschaftlichen Leben ausgeschieden. [...] Jedenfalls wird jetzt tabula rasa gemacht. Ich arbeite großartig mit Göring zusammen. Er geht auch scharf heran. Die radikale Meinung hat gesiegt.«[12]

Als bemerkenswert ist abschließend noch festzuhalten, daß die national-konservativ eingestellten Minister Gürtner und Schwerin von Krosigk die Beschlüsse der Konferenz nicht nur hingenommen, sondern durch ihr Einverständnis mit den unmittelbar folgenden Pogromverordnungen auch sanktioniert haben.

Pogromverordnungen

Mit Wirkung vom 12. November 1938 erließ Göring in seiner Eigenschaft als Beauftragter für den Vierjahresplan die ersten drei Pogromverordnungen. Durch die Verordnung über eine Sühneleistung der Juden deutscher Staatsangehörigkeit (vgl. 4.2) wurde den Juden die Zahlung einer »Kontribution« von 1 000 000 000 Reichsmark an das Deutsche Reich auferlegt. Die Durchführungsbestimmungen erließ der Reichsminister der Finanzen (Schwerin von Krosigk) im Benehmen mit den beteiligten Reichsministern.

Die »Verordnung zur Ausschaltung der Juden aus dem deutschen Wirtschaftsleben (vgl. 4.3) untersagte Juden unter anderem betriebliche Unternehmungen in Handel, Handwerk und Gewerbe. Die Beseitigung aller Schäden, die am 8., 9. und 10. November 1938 an jüdischen Betrieben und Wohnungen entstanden, wurde durch die Verordnung zur Wiederherstellung des Straßenbildes bei jüdischen Gewerbebetrieben den Juden auferlegt (vgl. 4.4). Versicherungsansprüche der Juden deutscher Staatsangehörigkeit fielen dem Deutschen Reich anheim.

Ebenfalls mit Wirkung vom 12. November 1938 untersagte der Präsident der Reichskulturkammer auf Weisung von Goebbels allen Juden den Zutritt zu öffentlichen Veranstaltungen, insbesondere zu Theatern, Kinos, Konzerten, Vorträgen, Ausstellungen und Zirkusveranstaltungen.[13]

Durch Polizeiverordnung vom 28. November 1938 über das Auftreten der Juden in der Öffentlichkeit konnten die Verwaltungsbehörden fortan den Juden deutscher Staatsangehörigkeit und staatenlosen Juden »räumliche und zeitliche Beschränkungen des Inhalts auferlegen, daß sie bestimmte Bezirke nicht betreten oder sich zu bestimmten Zeiten in der Öffentlichkeit nicht zeigen dürfen«.[14]

Aus der Fülle der darüber hinaus verordneten Einschränkungen seien im folgenden nur die wichtigsten genannt:

- Zwangsdeponierung der im jüdischen Besitz befindlichen Wertpapiere
- Zwangsverkauf von Juwelen, Schmuck und Kunstgegenständen an staatliche Ankaufstellen
- Verbot für jüdische Kinder, nichtjüdische Schulen zu besuchen
- Entziehung der Führerscheine und Verbot der Haltung von Kraftfahrzeugen
- Einführung erhöhter Steuersätze
- Berufsverbot für jüdische Zahn- und Tierärzte sowie für Apotheker.[15]

Situation der Juden nach den Novemberpogromen

Das berufliche, wirtschaftliche und kulturelle Leben der deutschen Juden kam nach den Novemberpogromen des Jahres 1938 völlig zum Erliegen. Jüdische Organisationen wurden verboten, viele ihrer Repräsentanten verhaftet und das weitere Erscheinen jüdischer Publikationen untersagt.[16] Für die meisten Synagogengemeinden begann im November 1938 der Anfang ihres Untergangs (vgl. 4.5). Ohnmacht und Verzweiflung trieben viele Juden in den Selbstmord.

Die Auswanderung geriet zur Massenflucht. Zwischen November 1938 und September 1939 verließen annähernd so viele Juden ihre Heimat wie in den fünfeinhalb Jahren zuvor. Bürokratische Hindernisse und devisenrechtliche Restriktionen sowie mangelnde oder zögernde Hilfsbereitschaft im Ausland ließen einen »schwarzen Markt« für Ein- und Ausreisevisa entstehen. Die Tagebucheintragung Hertha Nathorffs vom 24. November 1938 illustriert schlaglichtartig die verzweifelte Situation der ausreisewilligen Juden: »Ich telegraphiere in alle Welt. Ich bekomme wilde Angebote. Ein Visum nach Chile für 3 000 RM, erhältlich durch einen österreichischen Nazi. So verdienen sie an unserem Unglück. Ich bin völlig verzweifelt. Ich habe ja kein Geld dafür. [...]

Inzwischen hat man mir auf dem Reisebüro nach stundenlangem Verhandeln eine Buchung nach Kuba für Februar angeboten. Es ist die einzige legale Buchung, die ich noch machen kann. Ich kabele nach Amerika und bitte flehendlichst, das verlangte Vorzeigegeld für Kuba zu deponieren.«[17] Das Vorzeigegeld (show-money) wurde von fast allen Staaten verlangt, in die Juden einwandern wollten.

Im März 1939 gelang es Hertha Nathorff, zunächst ihren Sohn mit einem Kindertransport nach England zu schicken. Erschütternde Szenen begleiteten die Ausreise jüdischer Kinder aus Deutschland (vgl. 4.6). Unter Zurücklassung des größten Teils ihrer Habe emigrierte Hertha Nathorff dann im April 1939 über England in die USA (vgl. 4.7).

Reaktionen in der Bevölkerung

Aussagen in politischen Lageberichten erfordern grundsätzlich quellenkritische Vorbehalte, zumal dann, wenn darin zu brisanten oder umstrittenen Vorgängen Stellung genommen wird. Sei es, daß der Verfasser den Tenor seines Berichts an der Erwartungshaltung des Empfängers orientiert, seine Entscheidung im konkreten Fall zu rechtfertigen sucht, die weltanschauliche Überzeugungstreue der Bevölkerung in seinen Beobachtungen günstiger darstellt, als sie tatsächlich ist, um sein eigenes Wirken in einem vorteilhaften Licht erscheinen zu lassen, oder den Einfluß gegnerischer Kreise überzeichnet, um die Anforderung weiterer Mitarbeiter zu begründen, Tatsache ist, daß *ein* Lagebericht der Gestapo oder des Sicherheitsdienstes für sich allein genommen nur geringen Erkenntniswert besitzt.

Wenn hingegen Berichte und Meldungen verschiedener Dienststellen unabhängig voneinander und übereinstimmend mit anderen zeitgenössischen Quellen zu gleichlautenden oder ähnlichen Befunden kommen, darf deren Glaubwürdigkeit unterstellt werden.

Amtlichen Berichten wie persönlichen Erinnerungen ist übereinstimmend zu entnehmen, daß die Reaktion der nichtjüdischen Bevölkerung in Deutschland und Österreich auf die Novemberpogrome vielfältig waren. Neben Zustimmung und Gleichgültigkeit in allen Teilen der Bevölkerung (vgl. 4.8) sind *individuelle* Ablehnung und – seltener – Empörung vornehmlich in kirchlich sowie in demokratisch und sozialistisch traditionsgebundenen Kreisen zu finden. Beispielhaft dafür sind die folgenden Feststellungen im Bericht des SD-Unterabschnitts Württemberg-Hohenzollern vom 1. Februar 1939: »Zur Judenaktion werden katholischerseits nur zurückhaltende Stellungnahmen abgegeben. Kirchliche Kreise lehnen das Vorgehen gegen die Juden ab, besonders aus der Erwägung, mit dem Katholizismus würde einmal ebenso verfahren werden wie mit dem Judentum. [...] Obwohl sich die offiziellen Stellen und Personen der [evangelischen] Landeskirche jeder Stellungnahme zur Judenfrage und zur Judenaktion enthielten, wurden doch die Vergeltungsmaßnahmen von dem Großteil der Geistlichkeit wie auch der ev. Bevölkerung mit Begründungen wie ›Die Juden sind doch auch Menschen‹ und ›Man darf doch keine Gotteshäuser anzünden, das ist doch Gotteslästerung‹ usw. abgelehnt. [...] Die eingefleischten Demokraten zeigten eine besondere Judenfreundlichkeit und bemitleideten die in Haft genommenen Juden sehr [...].«[18]

In »reaktionären« Kreisen habe die »Judenaktion weitgehendst Anlaß zur Kritik« gegeben. »Es wurde hervorgehoben, daß die Zerstörung der jüdischen Geschäfte und auch der Synagogen in keiner Weise im Sinne des Vierjahresplanes sei. [...] In Einzelfällen wurde auch eine mehr oder minder starke Judenfreundlichkeit bekannt. Z. B. schickte ein 81 Jahre alter Oberst (früher Stahlhelm, jetzt Pg.) einem Juden anläßlich der Aktion einen Blumenstrauß, um ihm seine innere Verbundenheit auszudrücken. [...] Bemerkenswert, daß sich der Alldeutsche Verband ganz zu den Maßnahmen der Regierung gegen die Juden bekennt [...].«[19]

Die Ambivalenz der Reaktionen, besonders unter Konservativen, erhellt schlaglichtartig die Tagebucheintragung des Anfang 1938 aus politischen Gründen zur Disposition gestellten konservativen Botschafters Ulrich von Hassell: »Ebenhausen, 25. 11. 38. Ich schreibe unter dem schwer lastenden Eindruck der niederträchtigen Judenverfolgung nach der Ermordung vom Raths. Seit dem Weltkriege haben wir noch niemals so an Kredit in der Welt verloren wie dieses Mal, und das kurz nach den größten außenpolitischen Erfolgen. [...] Goebbels hat wohl selten mit einer Behauptung so wenig Glauben gefunden (obwohl es im Inlande wohl Leute gibt, die darauf hereingefallen sind) wie mit der, daß eine spontane Volkswut die Gewalttaten verübt und nach wenigen Stunden gestoppt worden sei. [...] Man hat sich auch nicht geschämt, Schulklasen zu mobilisieren (in Feldafing sogar mit Ziegelsteinen auszurüsten); in einem Dorf in Schwaben [...] hat der katholische Lehrer sich breitschlagen lassen, der evangelische sich geweigert. [...] Am meisten haben sich alle anständigen Menschen geschämt, Namen wie Gürtner und Schwerin-Krosigk unter den Beschlußfassern über die Strafmaßnahmen gegen die Juden zu lesen. Sie merken wohl gar nicht mehr, wie sie sich entwürdigen und wie sie als Feigenblatt dienen.«[20]

Ein Dokument offenen Protests aus den katholischen oder evangelischen Kirchenleitungen ist nicht überliefert. In deutlichem Gegensatz zum Schweigen der Kirchen stehen mutige Solidaritätsbekundungen und tätige Hilfe von einzelnen Geistlichen beider Konfessionen.[21]

Proteste diplomatischer Missionen

Nach dem 10. November 1938 sind beim Auswärtigen Amt in Berlin etwa hundert Proteste auswärtiger Vertretungen eingegangen. Die mündlichen und schriftlichen Interventionen betrafen Fälle der Mißhandlung, Geldentwendung, Eigentumsvernichtung, Sperrung von Bankguthaben, Geschäftsschließung, Zurückhaltung fälliger Versicherungsleistungen und Tötung.

Die Vorfälle zeigen, daß entgegen der Weisung des Chefs der Sicherheitspolizei und des SD auch ausländische Juden den Pogromen zum Opfer fielen, darunter vor allem Polen (vgl. 4.9–4.11).

Das Auswärtige Amt leitete die Protestnoten ohne weiteren Kommentar der Reichskanzlei zu, die sie nach Kenntnisnahme durch den Reichsminister und Chef der Reichskanzlei, SS-Gruppenführer Lammers, zu den Akten schrieb. Die Proteste blieben ohne erkennbare Wirkung.

Auch der Bericht des deutschen Botschafters in Washington vom 14. November 1938 über die empörten Reaktionen in den Vereinigten Staaten von Amerika verfehlte seine Wirkung auf die NS-Machthaber. Nachhaltige Folgen zeigte allein die Entscheidung der USA, ihren Botschafter zur Berichterstattung aus Berlin abzuberufen. Auf Weisung Hitlers wurde daraufhin auch Botschafter Dieckhoff aus Washington zurückgezogen.[22] Bis zum Kriegseintritt im Dezember 1941, d. h. mehr als drei Jahre, blieben beide Mächte lediglich durch Geschäftsträger in den jeweiligen Hauptstädten präsent.

Anmerkungen zum 4. Kapitel

1 Anordnung Nr. 174/38 (Wiederholung des FS v. 10. 11. 1938), in: BA Koblenz, NS 6, 231.
2 Zitiert nach Friedmann (Hrsg.): Die Kristall-Nacht, Hervorhebung im Original, Kopie im Besitz des Verf.
3 Wiener Library London, P II d. No. 750, zitiert nach Scheffler: Ausgewählte Dokumente zur Geschichte des Novemberpogroms 1938, S. 20.
4 Vgl. Scheffler, ebda., S. 7, und Naujoks, Harry: Mein Leben im KZ Sachsenhausen 1936–1942, Erinnerungen des ehemaligen Lagerältesten, Köln 1987, S. 91.
5 Naujoks, S. 91.
6 Zitiert nach Naujoks, ebda.
7 Vgl. Naujoks, S. 92 f.
8 Naujoks, S. 93.
9 IMT, Bd. XXVIII, PS-1816.
10 NA Washington, 1816-PS, zugleich US-261, Vorspann.
11 PA des AA, UStS Pol 126.
12 Die Tagebücher von Joseph Goebbels, Teil I, Bd. 3, S. 533, Eintragung v. 13. 11. 1938.
13 Völkischer Beobachter v. 14. 11. 1938.
14 RGBl. 1938, I, S. 1676.
15 Vgl. Scheffler: Judenverfolgung im Dritten Reich, S. 31 f.
16 Vgl. Ebda.
17 Das Tagebuch der Hertha Nathorff, S. 134.
18 Sauer, Paul (Hrsg.): Dokumente über die Verfolgung der jüdischen Bürger in Baden-Württemberg durch das nationalsozialistische Regime 1933–1945, II. Teil, Stuttgart 1966, S. 53 ff.
19 Ebda.
20 Hassell, Ulrich von: Vom andern Deutschland. Aus den nachgelassenen Tagebüchern 1938–1944, Frankfurt a. M. und Hamburg 1964, S. 26 f.; Berlin 1988, S. 62 f.
21 Vgl. Bayern in der NS-Zeit. Soziale Lage und politisches Verhalten der Bevölkerung im Spiegel vertraulicher Berichte, München u. Wien 1977, S. 473–479.
22 Vgl. ADAP, D IV, S. 561 f., u. Weinberg, Gerhard L.: The foreign policy of Hitler's Germany, starting World War II, 1937–1939, The University of Chicago Press, Chicago – London 1980, S. 520.

Göring: Meine Herren, die heutige Sitzung ist von entscheidender Bedeutung. Ich habe einen Brief bekommen, den mir der Stabsleiter des Stellvertreters des Führers Bormann im Auftrag des Führers geschrieben hat, wonach die Judenfrage jetzt einheitlich zusammengefaßt werden soll und so oder so zur Erledigung zu bringen ist. Durch telefonischen Anruf bin ich gestern vom Führer noch einmal darauf hingewiesen worden, jetzt die entscheidenden Schritte zentral zusammenzufassen.

Da das Problem in der Hauptsache ein umfangreiches wirtschaftliches Problem ist, wird hier der Hebel angesetzt werden müssen. Selbstverständlich ergeben sich daraus auch eine Reihe rechtlicher Maßnahmen, die sowohl in das Gebiet des Justizministers wie des Innenministers fallen, dann die daraus zu folgernden Propagandamaßnahmen, die in das Gebiet des Herrn Propagandaministers fallen, selbstverständlich auch Maßnahmen des Finanzministers und des Wirtschaftsministers. [...]

Wir haben jetzt diese Sache in Paris gehabt. Darauf folgten wieder die Demonstrationen, und jetzt muß etwas geschehen! Denn, meine Herren, diese Demonstrationen habe ich satt. Sie schädigen nicht den Juden, sondern mich, der ich die Wirtschaft als letzte Instanz zusammenzufassen habe. Wenn heute ein jüdisches Geschäft zertrümmert wird, wenn Waren auf die Straße geschmissen werden, dann ersetzt die Versicherung dem Juden den Schaden – er hat ihn gar nicht –, und zweitens sind Konsumgüter, Volksgüter zerstört worden. [...]

Das Volk versteht das natürlich nicht, und deshalb müssen hier Gesetze gemacht werden, die dem Volk einwandfrei zeigen, daß hier etwas getan wird. Ich wäre wirklich dankbar, wenn durch die Propaganda einmal auf diesen Punkt hingewiesen werden könnte, daß der Schaden leider Gottes nicht den Juden trifft, sondern tatsächlich die deutschen Versicherungsgesellschaften.

Nun habe ich aber keine Lust, die deutschen Versicherungsgesellschaften diesen Schaden tragen zu lassen. Ich werde deshalb auf Grund meiner Vollmacht eine Anordnung erlassen und bitte da natürlich um die Mitarbeit der zuständigen Ministerien, damit das in das richtige Lot kommt. [...]

Darüber möchte ich keinen Zweifel lassen, meine Herren: die heutige Sitzung ist nicht dazu da, sich erneut darüber zu unterhalten, was getan werden sollte, sondern es fallen jetzt Entscheidungen, und ich bitte die Ressorts inständig, nun aber Schlag auf Schlag die notwendigen Maßnahmen zur Arisierung der Wirtschaft zu treffen und mir vorzulegen, soweit das notwendig ist.

Bei der Arisierung der Wirtschaft ist der Grundgedanke folgender: Der Jude wird aus der Wirtschaft ausgeschieden und tritt seine Wirtschaftsgüter an den Staat ab. Er wird dafür entschädigt. Die Entschädigung wird im Schuldbuch vermerkt und wird ihm zu einem bestimmten Prozentsatz verzinst. Davon hat er zu leben. [...]

Hier setzen Schwierigkeiten ein. Es ist menschlich verständlich, daß in starkem Maße versucht wird, in diese Geschäfte Parteigenossen hineinzubringen und ihnen so gewisse Entschädigungen zu geben. Ich habe da entsetzliche Dinge in der Vergangenheit gesehen, daß sich kleine Chauffeure von Gauleitern derart bereichert haben, daß sie auf diese Weise schließlich eine halbe Million Vermögen an sich gebracht haben. Die Herren wissen Bescheid? Das stimmt doch?

(Zustimmung.)

Das sind natürlich Dinge, die unmöglich sind. Ich werde nicht davor zurückscheuen, dort, wo unsauber verfahren wird, rücksichtslos einzugreifen. Sollte es sich um eine prominente Person handeln, die das Delikt ermöglicht, so werde ich binnen zwei Stunden beim Führer sein und diese Schweinerei ganz nüchtern vortragen. [...]

Ich komme nun zu den Juden, die Ausländer sind. Wir müssen hier unterscheiden. Solche Juden, die wirkliche Ausländer waren und geblieben sind, sind natürlich nach den Gesetzen zu behandeln, die wir mit diesem Land haben. Aber auch hier ist dafür Sorge zu tragen, daß sie freiwillig, durch sanften oder stärkeren Druck, durch geschickte Manöver hinausmanövriert werden. Auf die Juden aber, die im allgemeinen Deutsche waren, die immer in Deutschland gelebt haben und die eben nur, um sich in Sicherheit zu bringen, in den letzten Jahren diese und jene Staatsangehörigkeit angenommen haben, bitte ich keine Rücksicht zu nehmen. Mit denen wird man fertig. Oder haben Sie Bedenken?

Woermann: Ich würde bitten, daß das Auswärtige Amt im Einzelfalle beteiligt wird, weil sich das generell sehr schwer entscheiden läßt.

Göring: In jedem Falle beiziehen können wir Sie nicht. Aber im ganzen selbstverständlich.

Woermann: Ich möchte jedenfalls den Anspruch des Auswärtigen Amtes auf Beteiligung anmelden. Man kann nicht wissen, welche Schritte unternommen werden.

Göring: Aber nur bei wichtigen Sachen! [...]

Funk: Das ist für uns eine ganz entscheidende Frage: Sollen die jüdischen Läden wieder aufgemacht werden?

Goebbels: Ob sie aufgemacht werden, ist eine andere Frage. Es handelt sich darum, ob sie wiederhergestellt werden. Ich habe Frist gestellt bis Montag.

Göring: Ob sie wieder aufgemacht werden, brauchen Sie nicht zu fragen. Dafür sind wir zuständig.

Goebbels: [...] Es sind fast in allen deutschen Städten Synagogen niedergebrannt. Nun ergeben sich für die Plätze, auf denen die Synagogen gestanden haben, die vielfältigsten Verwendungsmöglichkeiten. Die einen Städte wollen sie zu Parkplätzen umgestalten, andere wollen dort wieder Gebäude errichten.

Göring: Wie viele Synagogen sind tatsächlich niedergebrannt?

Heydrich: Es sind im ganzen 101 Synagogen durch Brand zerstört, 76 Synagogen demoliert, 7 500 zerstörte Geschäfte im Reich.

Göring: Was heißt: durch Brand zerstört?

Heydrich: Z. T. abgebrannt, z. T. ausgebrannt.

Goebbels: Ich bin der Meinung, daß das der Anlaß sein muß, die Synagogen aufzulösen. Alle, die nicht mehr vollkommen intakt sind, müssen von den Juden niedergelegt werden. Die Juden müssen das bezahlen. Hier in Berlin sind die Juden dazu bereit. Die Synagogen, die in Berlin gebrannt haben, werden von den Juden selbst niedergelegt. Wir können sie z. T. zu Parkplätzen umgestalten, z. T. werden dort andere Gebäude errichtet werden. Das muß nun, glaube ich, als Richtschnur für das ganze Land herausgegeben werden, daß die Juden selbst die beschädigten oder ausgebrannten Synagogen zu beseitigen haben und der deutschen Volksgemeinschaft fertige freie Plätze zur Verfügung zu stellen haben.

[...] Ich halte es für notwendig, jetzt eine Verordnung herauszugeben, daß den Juden verboten wird, deutsche Theater, Kinotheater und Zirkusse zu besuchen. Ich habe schon auf Grund des Kulturkammergesetzes eine solche Verordnung herausgegeben. Ich glaube, daß wir uns das auf Grund unserer heutigen Theaterlage leisten können. Die Theater sind sowieso überfüllt. Wir haben kaum Platz. Ich bin aber der Meinung, daß es nicht möglich ist, Juden neben Deutsche in Varietées, Kinos oder Thater hineinzusetzen. Man könnte eventuell später überlegen, den Juden hier in Berlin 1 oder 2 Kinos zur Verfügung zu stellen, wo sie jüdische Filme vorführen können. Aber in deutschen Theatern haben sie nichts mehr verloren.

Weiterhin halte ich es für notwendig, daß die Juden überall da aus der Öffentlichkeit herausgezogen werden, wo sie provokativ wirken. Es ist z. B. heute noch möglich, daß ein Jude mit einem Deutschen ein gemeinsames Schlafwagenabteil benutzt. Es muß also ein Erlaß des Reichsverkehrsministers herauskommen, daß für Juden besondere Abteile eingerichtet werden und daß, wenn dieses Abteil besetzt ist, die Juden keinen Anspruch auf Platz haben, daß die Juden aber nur dann, wenn alle Deutschen sitzen, ein besonderes Abteil bekommen, daß sie dagegen nicht unter die Deutschen gemischt werden und daß, wenn kein Platz ist, die Juden draußen im Flur zu stehen haben.

Göring: Da finde ich es viel vernünftiger, daß man ihnen eigene Abteile gibt.

Goebbels: Aber nicht, wenn der Zug überfüllt ist.

Göring: Einen Moment! Es gibt nur einen jüdischen Wagen. Ist er besetzt, müssen die übrigen zu Hause bleiben.

Goebbels: Aber nehmen wir an: es sind nicht so viele Juden da, die mit dem Fern-D-Zug nach München fahren, sagen wir: es sitzen zwei Juden im Zug, und die anderen Abteile sind überfüllt. Diese beiden Juden hätten nun Sonderabteil. Man muß deshalb sagen: die Juden haben erst dann Anspruch auf Platz, wenn alle Deutschen sitzen.

Göring: Das würde ich gar nicht extra einzeln fassen, sondern ich würde den Juden einen Wagen oder ein Abteil geben. Und wenn es wirklich jemals so wäre, wie Sie sagen, daß der Zug sonst überfüllt ist, glauben Sie: das machen wir so, da brauche ich kein Gesetz. Da wird er herausgeschmissen, und wenn er allein auf dem Lokus sitzt während der ganzen Fahrt.

Goebbels: Das will ich nicht sagen. Ich glaube das nicht, sondern da muß eine Verordnung herauskommen.

Dann muß eine Verordnung herauskommen, daß es den Juden verboten ist, deutsche Bäder, Strandbäder und deutsche Erholungsstätten zu besuchen. Im vergangenen Sommer ...

Göring: Vor allen Dingen hier im Admiralspalast sind wirklich widerwärtige Sachen passiert.

Goebbels: Auch im Wannseebad. Eine Verordnung, daß es den Juden absolut verboten ist, deutsche Erholungsstätten zu besuchen.

Göring: Man könnte ihnen ja eigene geben.

Goebbels: Man könnte sich überlegen, ob man ihnen eigene gibt oder ob man deutsche Bäder zur Verfügung stellt, aber nicht die schönsten, daß man sagt: in den Bädern können sich die Juden erholen.

Es wäre zu überlegen, ob es nicht notwendig ist, den Juden das Betreten des deutschen Waldes zu verbieten. Heute laufen Juden rudelweise im Grunewald herum. Das ist ein dauerndes Provozieren, wir haben da dauernd Zwischenfälle. Was die Juden machen, ist so aufreizend und provokativ, daß es dauernd zu Schlägereien kommt.

Göring: Also wir werden den Juden einen gewissen Waldteil zur Verfügung stellen, und Alpers wird dafür sorgen, daß die verschiedenen Tiere, die den Juden verdammt ähnlich sehen – der Elch hat ja so eine gebogene Nase –, dahin kommen und sich da einbürgern.

Goebbels: Ich halte dieses Verhalten für provokativ.

Dann weiter, daß die Juden nicht in deutschen Anlagen herumsitzen können. Ich knüpfe an an die Flüsterpropaganda durch Judenfrauen in den Anlagen am Fehrbelliner Platz. Es gibt Juden, die gar nicht so jüdisch aussehen. Die setzen sich zu deutschen Müttern mit Kindern und fangen an zu mosern und zu stänkern.

Göring: Die sagen gar nicht, daß sie Juden sind.

Goebbels: Ich sehe darin eine besonders große Gefahr. Ich halte es für notwendig, daß man den Juden bestimmte Anlagen zur Verfügung stellt – nicht die schönsten – und sagt: auf diesen Bänken dürfen die Juden sitzen. Die sind besonders gekennzeichnet. Es steht darauf: Nur für Juden! Im übrigen haben sie in deutschen Anlagen nichts zu suchen.

Als letztes wäre noch folgendes vorzutragen. Es besteht tatsächlich heute noch der Zustand, daß jüdische Kinder in deutsche Schulen gehen. Das halte ich für unmöglich. Ich halte es für ausgeschlossen, daß mein Junge neben einem Juden im deutschen Gymnasium sitzt und deutschen Geschichtsunterricht erteilt bekommt. Ich halte es für notwendig, daß die Juden absolut aus den deutschen Schulen entfernt werden und man ihnen anheim gibt, innerhalb ihrer eigenen Kulturgemeinde selbst die Erziehung zu übernehmen.

Göring: Ich bitte dann, Herrn Hilgard von der Versicherung hereinzurufen. Er wartet draußen. Wenn er fertig ist, kann er gehen, und wir können weiter verhandeln. [. . .]

(Hilgard erscheint.)

Herr Hilgard, es handelt sich um folgendes. Durch den berechtigten Zorn des Volkes gegenüber den Juden sind eine Anzahl von Schäden im ganzen Reich angerichtet worden. Fenster sind eingeschmissen worden, Sachen und Menschen zu Schaden gekommen, Synagogen ausgebrannt usw. Ich nehme an, daß ein Teil der Juden – wahrscheinlich das Gros – auch versichert ist gegen Tumultschäden usw.

(Hilgard: ja.)

Es würde also jetzt dabei folgendes herausspringen: daß das Volk in einer berechtigten Abwehr dem Juden hat einen Schaden zufügen wollen und daß dann tatsächlich der Schaden von der deutschen Versicherungsgesellschaft gedeckt wird. Hier wäre nun die Sache verhältnismäßig einfach, indem ich eine Verordnung mache, daß diese Schäden, die aus dieser Aufwallung gekommen sind, nicht von der Versicherung zu decken sind.

Aber die Frage, die mich brennend interessiert, weshalb ich Sie hierher gebeten habe, ist folgende: Für den Fall, daß hier irgendwie auf dem Gebiet der Tumultschädenversicherung Rückversicherungen im Auslande liegen, möchte ich selbstverständlich nicht auf diese Rückversicherung verzichten, sondern möchte die an sich heranholen und darum mit Ihnen den Weg besprechen, wieweit diese

Rückversicherung, die womöglich noch Devisen bringt, nicht zum Juden kommt, sondern zur deutschen Volkswirtschaft.

Ich hätte gern einmal von Ihnen gehört – das ist die erste Frage, die ich an Sie zu stellen habe –: Sind nach Ihre Auffassung die Juden in großem Ausmaß gegen diese Schäden versichert?

Hilgard: Ich darf gleich antworten. Die Sache liegt so, daß wir es mit drei Arten von Versicherungen zu tun haben, und zwar nicht mit der Aufruhrversicherung und der Tumultschädenversicherung, sondern mit der regulären Feuerversicherung, mit der regulären Glasversicherung und mit der regulären einfachen Diebstahlversicherung. Die Versicherten, also diejenigen, die hier einen Anspruch auf Grund dieser Verträge haben, sind teils Juden, teils Arier. Bei der Feuerversicherung, die hier den größten Teil ausmacht, sind es wohl durchgängig Juden. [...]

Vollkommen anders liegen die Verhältnisse bei der Glasversicherung, die eine sehr große Rolle spielt. Hier ist der weitaus größte Teil der Geschädigten arisch. Das ist nämlich der Hausbesitz, der überwiegend in arischen Händen liegt, während der Jude in der Regel nur der Mieter des Ladens ist, – ein Vorgang, den Sie auf der ganzen Linie, z. B. am Kurfürstendamm, feststellen können.

Göring: Das ist das, was wir gesagt haben.

Goebbels: Da muß der Jude den Schaden bezahlen.

Göring: Es hat ja keinen Sinn. Wir haben keine Rohstoffe. Es ist alles ausländisches Glas; das kostet Devisen! Man könnte die Wände hochgehen!

Hilgard: Ich darf vielleicht folgendes feststellen. Das Ladenfensterglas wird nicht in der böhmischen Glasindustrie fabriziert, sondern es ist ausschließlich in den Händen der belgischen Glasindustrie. Der Umfang dieser Schäden ist nach meinen Schätzungen ungefähr folgender: Wir haben etwa mit Glasschäden für 6 Millionen zu rechnen, d. h. für das Glas, das wir auf Grund der Versicherungsbedingungen den in der Hauptsache arischen Geschädigten als Ersatz liefern müssen, müssen wir etwa 6 Millionen aufwenden. [...]

Göring: Hier muß eine Volksaufklärung stattfinden.

Goebbels: Das kann jetzt nicht im Augenblick gemacht werden.

Göring: So kann es nicht weitergehen. Das halten wir gar nicht aus. Unmöglich!

Nun weiter! Nach Ihrer Auffassung trifft der Schaden den Arier, nicht wahr

Hilgard: Jawohl, zum größten Teil die Glasversicherung.

Göring: Die müßte das Glas ersetzen.

Hilgard: Jawohl. Es kommt natürlich auch vor, daß der Geschädigte, der Ladeninhaber, mit dem Hauseigentümer identisch ist, was zunächst bei allen Kaufleuten der Fall ist. Im Kaufhaus Israel ist selbstverständlich der Glasgeschädigte auch der Jude.

Göring: Nun kommt die dritte Kategorie.

Hilgard: Das sind die einfachen Diebstahlgeschädigten.

Göring: Da muß ich eine Frage stellen. Wenn Waren jeder Art aus den Geschäften herausgenommen wurden und draußen auf der Straße verbrannt worden sind, fällt das auch darunter?

Hilgard: Ich glaube nicht.

Göring: Fällt das unter Aufruhr?

Hilgard: Das ist gerade die Frage, die wir im Augenblick noch nicht zu beantworten in der Lage sind: liegt ein einfacher Diebstahl dann vor, wenn nach der gewaltsamen Erbrechung eines Wohnungseingangs oder von Behältnissen eine Sache entwendet wird?

Göring: Es liegt Aufruhr vor.

Hilgard: Der Aufruhr spielt bei dieser Sache gar keine Rolle, weil wir kaum mehr nennenswerte Aufruhrversicherungen haben. Die sind längst von uns abgebaut und abgewickelt.

Göring: Das hier ist doch Aufruhr. Das ist der juristische Begriff. Es ist nicht gestohlen, nicht eingebrochen worden, sondern ganz öffentlich wälzt sich die Masse herein und zertrümmert die Sachen. Oder Tumult.

Hilgard: Tumultschäden. Es ist kein Aufruhr.

Göring: Sind die gegen Tumultschäden versichert?

Hilgard: Nein, nicht mehr. – Ich darf das vielleicht an einem praktischen Beispiel klarmachen. Der größte Fall, den wir auf diesem Gebiet haben, ist der Fall Markgraf unter den Linden. Das Juweliergeschäft von Markgraf ist bei uns mit einer sogenannten kombinierten Police versichert. Da ist eigentlich jeder Schaden gedeckt, der passieren kann. Dieser Schaden ist bei uns in Höhe von 1,7 Millionen angemeldet, weil der Laden vollkommen ausgeplündert worden ist.

Göring: Daluege und Heydrich, ihr müßt mir diese Juwelen wieder herschafffen durch Riesenrazzien!

Daluege. Das ist schon angeordnet. Die Leute werden dauernd kontrolliert. Nach den Meldungen von gestern nachmittag sind bisher allein 150 verhaftet.

Göring: Die Sachen werden sonst verschoben. Wenn einer mit Juwelen in ein Geschäft kommt und sagt, er hätte sie gekauft, müssen sie ihm rücksichtslos weggenommen werden ohne große Geschichten. Irgendwo hat er sie gestohlen oder gehandelt.

Heydrich: Im übrigen ist in rund 800 Fällen im Reich geplündert worden entgegen der Vermutung, aber wir haben Plünderer schon in einer Zahl von mehreren Hundert und sind auch dabei, das geplünderte Gut herbeizuschaffen.

Göring: Und die Juwelen?

Heydrich: Das ist sehr schwer zu sagen. Sie sind z. T. auf die Straße herausgeschmissen worden und dort aufgegriffen worden. Ähnliches hat sich bei Pelzläden abgespielt, z. B. in der Friedrichstraße im Revier C. Da hat sich natürlich die Menge draufgeworfen, hat Nerze, Skunkse usw. mitgenommen. Das ist sehr schwer wiederzukriegen. [...]

Hilgard: Diese Schäden fallen wohl nicht unter die Police, aber ich muß das unter Vorbehalt sagen. Darf ich überhaupt einmal ein Wort über unsere Haftpflicht sagen und ein Petitum der Versicherungswirtschaft anmelden? – Wir legen großen Wert darauf, Herr Generalfeldmarschall, daß wir an der Erfüllung unserer vertraglichen Verpflichtungen nicht gehindert werden.

Göring: Das muß ich aber. Ich lege Wert darauf.

Hilgard: Wenn ich das begründen darf: es hängt einfach damit zusammen, daß wir in starkem Maße auch internationale Geschäfte treiben. Wir haben für unsere Geschäfte eine sehr gute internationale Basis, und wir müssen gerade im Interesse der deutschen Devisenbilanz Wert darauf legen, daß das Vertrauen zu der deutschen Versicherung nicht gestört wird. Wenn wir es heute ablehnen, klare, uns gesetzlich obliegende vertragliche Verpflichtungen zu erfüllen, so wäre das ein schwarzer Fleck auf dem Ehrenschild der deutschen Versicherung.

Göring: Aber nicht mehr in dem Augenblick, wo ich durch eine staatliche Verordnung, durch ein Gesetz eingreife.

Hilgard: Darauf wollte ich nämlich kommen.

Heydrich: Man mag ruhig die Versicherung ausschütten, aber nachher bei der Auszahlung wird sie beschlagnahmt. Dann ist formell das Gesicht gewahrt.

Hilgard: Das, was Obergruppenführer Heydrich eben gesagt hat, möchte ich eigentlich auch für den richtigen Weg halten. [...]

Ich darf vielleicht ausführen, daß nach meinen Schätzungen der Gesamtschaden in ganz Deutschland sich auf ungefähr 25 Millionen Mark belaufen wird. Ich wollte vorsichtig sein.

Heydrich: Sachschaden, Inventar- und Warenschäden schätzen wir auf mehrere hundert Millionen, allerdings einschließlich des Schadens, den das Reich durch Steuerausfall erleiden wird, Umsatz-, Vermögen- und Einkommensteuer. Das wird der Herr Finanzminister sicher auch erfahren haben.

v. Krosigk: Ich habe keinerlei Einblick in den Umfang.

Heydrich: 7 500 zerstörte Geschäfte im Reich.

Daluege: Eine Frage muß noch besprochen werden. Die Waren, die sich in den Läden befanden, sind nicht Eigentum des Besitzers gewesen, sondern laufen größtenteils auf Rechnung von anderen Firmen, die diese Waren geliefert haben. Jetzt kommen die unberechneten Lieferungen von Firmen, die bestimmt nicht alle jüdisch, sondern arisch sind, die Waren, die auf Kommission gegeben waren.

Hilgard: Die müssen auch bezahlt werden.

Göring: Mir wäre lieber gewesen, ihr hättet 200 Juden erschlagen und hättet nicht solche Werte vernichtet. [...]

Nun bin ich natürlich auch der Meinung, man müßte diese wirtschaftlichen Sachen untermauern mit einer Anzahl von polizeilichen Aktionen, propagandistischen Aktionen, Kulturaktionen, damit jetzt alles herauskommt und das Judentum in dieser Woche zackzack eins nach dem anderen um die Ohren bekommt.

Heydrich: Bei allem Herausnehmen des Juden aus dem Wirtschaftsleben bleibt das Grundproblem letzten Endes doch immer, daß der Jude aus Deutschland herauskommt. Darf ich dazu einige Vorschläge machen?

Wir haben in Wien auf Weisung des Reichskommissars eine Judenauswanderungszentrale eingerichtet, durch die wir in Österreich immerhin 50 000 Juden herausgebracht haben, während im Altreich in der gleichen Zeit nur 19 000 Juden herausgebracht werden konnten, und zwar ist uns das durch Zusammenarbeit mit dem ständigen Wirtschaftsministerium und den ausländischen Hilfsorganisationen gelungen. [...] um die Juden herauszubekommen, müßte eine Auswanderungsaktion für das Judentum im übrigen Reich sein, die sich auf mindestens 8 bis 10 Jahre erstreckt. Wir kriegen im Jahr nicht mehr als höchstens 8 bis 10 000 Juden heraus. Es bleibt also eine Unzahl von Juden drin. Durch die Arisierung und die sonstigen Beschränkungen wird natürlich das Judentum arbeitslos. Wir erleben eine Verproletarisierung des zurückbleibenden Judentums. Ich muß also in Deutschland solche Maßnahmen treffen, daß sie auf der einen Seite den Juden isolieren, damit er nicht in den normalen Lebenskreis des Deutschen eintritt. Ich muß aber auf der anderen Seite Möglichkeiten schaffen, die Juden auf einen engsten Kundenkreis beschränken, aber eine bestimmte Betätigung zulassen, in der Rechtsanwaltsfrage, Arztfrage, Friseurfrage usw. Diese Frage müßte auch geprüft werden.

Für die Isolierung möchte ich rein polizeilich einige Vorschläge kurz unterbreiten, die auch wegen ihres psychologischen Einflusses auf die öffentliche Meinung von Wert sind, z. B. die persönliche Kennzeichnung des Juden, indem man sagt: Jeder Jude im Sinne der Nürnberger Gesetze muß ein bestimmtes Abzeichen tragen. Das ist eine Möglichkeit, die viele andere Dinge erleichtert – in bezug auf Ausschreitungen sehe ich keine Gefahr –, die uns auch das Verhältnis zum ausländischen Juden erleichtert.

Göring: Eine Uniform!

Heydrich: Ein Abzeichen. Dadurch könnte man auch die Schäden abstellen, die dadurch entstehen, daß die ausländischen Juden, die sich in ihrem Äußeren nicht von inländischen Juden unterscheiden, in Mitleidenschaft gezogen werden. [...]

Göring: Noch eine Frage, meine Herren: Wie beurteilen Sie die Lage, wenn ich heute verkünde, daß dem Judentum als Strafe diese 1 Milliarde als Kontribution auferlegt wird?

Bürckel: Die Wiener werden sehr damit einverstanden sein. [...]

Göring: Ich werde den Wortlaut wählen, daß die deutschen Juden in ihrer Gesamtheit als Strafe für die ruchlosen Verbrechen usw. usw. eine Kontribution von 1 Milliarde auferlegt bekommen. Das wird hinhauen. Die Schweine werden einen zweiten Mord so schnell nicht machen. Im übrigen muß ich noch einmal feststellen: ich möchte kein Jude in Deutschland sein.

v. Krosigk: Deswegen möchte ich erst einmal das stark unterstreichen, was Herr Heydrich zu Anfang gesagt hat: wir müssen alles versuchen im Wege eines zusätzlichen Exportes, die Juden herauszubringen ins Ausland. Das muß doch immer das entscheidende sein, daß wir nicht das ganze Gesellschaftsproletariat hier behalten. Es wird immer eine Last sein, sie zu behandeln, die fürchterlich ist.

(Frick: Und eine Gefahr.)

Ich stelle mir den Zwang zum Ghetto auch nicht gerade als angenehme Aussicht vor. Die Aussicht, zum Ghetto kommen zu müssen, ist auch keine angenehme. Infolgedessen muß das Ziel sein, was Heydrich gesagt hat: heraus, was herausgebracht werden kann!

Göring: Das zweite ist folgendes. Wenn das Deutsche Reich in irgendeiner absehbaren Zeit in außenpolitischen Konflikt kommt, so ist es selbstverständlich, daß auch wir in Deutschland in aller erster Linie daran denken werden, eine große Abrechnung an den Juden zu vollziehen. Darüber hinaus wird der Führer jetzt endlich einen außenpolitischen Vorstoß machen zunächst bei den Mächten, die die Judenfrage aufgeworfen haben, um dann tatsächlich zur Lösung der Madagaskar-Frage zu kommen. Das hat er mir am 9. November auseinandergesetzt. Es geht nicht mehr anders. Er will auch den anderen Staaten sagen: »Was redet ihr immer von den Juden? – Nehmt sie!« [...]

(Schluß der Sitzung 2.40 Uhr.)

233

1579 116

Reichsgesetzblatt

Teil I

1938	Ausgegeben zu Berlin, den 14. November 1938	Nr. 189

Inhalt

Im Teil II, Nr. 47, ausgegeben am 11. November 1938, sind veröffentlicht: Verordnung über die Änderung der preußisch-braunschweigischen Landesgrenze zwischen den Gemeinden Schwarme (Kreis Grafschaft Hoya) und Emtinghausen, Dahlum (Kreis Braunschweig). — Verordnung über die Regelung von Versorgungsfragen bei der Localbahn-Aktiengesellschaft in München. — Bekanntmachung über die Ratifikation eines Protokolls über die Verlängerung der Geltungsdauer des deutsch-finnischen Handelsvertrags. — Bekanntmachung über den Geltungsbereich des deutsch-litauischen Konsularvertrags (Ausdehnung auf Österreich).

Verordnung über eine Sühneleistung der Juden deutscher Staatsangehörigkeit.

Vom 12. November 1938.

Die feindliche Haltung des Judentums gegenüber dem deutschen Volk und Reich, die auch vor feigen Mordtaten nicht zurückschreckt, erfordert entschiedene Abwehr und harte Sühne.

Ich bestimme daher auf Grund der Verordnung zur Durchführung des Vierjahresplans vom 18. Oktober 1936 (Reichsgesetzbl. I S. 887) das Folgende:

§ 1

Den Juden deutscher Staatsangehörigkeit in ihrer Gesamtheit wird die Zahlung einer Kontribution von 1 000 000 000 Reichsmark an das Deutsche Reich auferlegt.

§ 2

Die Durchführungsbestimmungen erläßt der Reichsminister der Finanzen im Benehmen mit den beteiligten Reichsministern.

Berlin, den 12. November 1938.

Der Beauftragte für den Vierjahresplan
Göring
Generalfeldmarschall

Reichsgesetzbl. 1938 I 415

1580 Reichsgesetzblatt, Jahrgang 1938, Teil I

Verordnung
zur Ausschaltung der Juden aus dem deutschen Wirtschaftsleben.
Vom 12. November 1938.

Auf Grund der Verordnung zur Durchführung des Vierjahresplans vom 18. Oktober 1936 (Reichsgesetzbl. I S. 887) wird folgendes verordnet:

§ 1

(1) Juden (§ 5 der Ersten Verordnung zum Reichsbürgergesetz vom 14. November 1935 — Reichsgesetzbl. I S. 1333) ist vom 1. Januar 1939 ab der Betrieb von Einzelhandelsverkaufsstellen, Versandgeschäften oder Bestellkontoren sowie der selbständige Betrieb eines Handwerks untersagt.

(2) Ferner ist ihnen mit Wirkung vom gleichen Tage verboten, auf Märkten aller Art, Messen oder Ausstellungen Waren oder gewerbliche Leistungen anzubieten, dafür zu werben oder Bestellungen darauf anzunehmen.

(3) Jüdische Gewerbebetriebe (Dritte Verordnung zum Reichsbürgergesetz vom 14. Juni 1938 — Reichsgesetzbl. I S. 627), die entgegen diesem Verbot geführt werden, sind polizeilich zu schließen.

§ 2

(1) Ein Jude kann vom 1. Januar 1939 ab nicht mehr Betriebsführer im Sinne des Gesetzes zur Ordnung der nationalen Arbeit vom 20. Januar 1934 (Reichsgesetzbl. I S. 45) sein.

(2) Ist ein Jude als leitender Angestellter in einem Wirtschaftsunternehmen tätig, so kann ihm mit einer Frist von sechs Wochen gekündigt werden. Mit Ablauf der Kündigungsfrist erlöschen alle Ansprüche des Dienstverpflichteten aus dem gekündigten Vertrage, insbesondere auch Ansprüche auf Versorgungsbezüge und Abfindungen.

§ 3

(1) Ein Jude kann nicht Mitglied einer Genossenschaft sein.

(2) Jüdische Mitglieder von Genossenschaften scheiden zum 31. Dezember 1938 aus. Eine besondere Kündigung ist nicht erforderlich.

§ 4

Der Reichswirtschaftsminister wird ermächtigt, im Einvernehmen mit den beteiligten Reichsministern die zu dieser Verordnung erforderlichen Durchführungsbestimmungen zu erlassen. Er kann Ausnahmen zulassen, soweit diese infolge der Überführung eines jüdischen Gewerbebetriebes in nichtjüdischen Besitz, zur Liquidation jüdischer Gewerbebetriebe oder in besonderen Fällen zur Sicherstellung des Bedarfs erforderlich sind.

Berlin, den 12. November 1938.

Der Beauftragte für den Vierjahresplan
Göring
Generalfeldmarschall

23

Nr. 189 — Tag der Ausgabe: 14. November 1938 1581

Verordnung zur Wiederherstellung des Straßenbildes bei jüdischen Gewerbebetrieben.

Vom 12. November 1938.

Auf Grund der Verordnung zur Durchführung des Vierjahresplans vom 18. Oktober 1936 (Reichsgesetzbl. I S. 887) verordne ich folgendes:

§ 1

Alle Schäden, welche durch die Empörung des Volkes über die Hetze des internationalen Judentums gegen das nationalsozialistische Deutschland am 8., 9. und 10. November 1938 an jüdischen Gewerbebetrieben und Wohnungen entstanden sind, sind von dem jüdischen Inhaber oder jüdischen Gewerbetreibenden sofort zu beseitigen.

§ 2

(1) Die Kosten der Wiederherstellung trägt der Inhaber der betroffenen jüdischen Gewerbebetriebe und Wohnungen.

(2) Versicherungsansprüche von Juden deutscher Staatsangehörigkeit werden zugunsten des Reichs beschlagnahmt.

§ 3

Der Reichswirtschaftsminister wird ermächtigt, im Benehmen mit den übrigen Reichsministern Durchführungsbestimmungen zu erlassen.

Berlin, den 12. November 1938.

Der Beauftragte für den Vierjahresplan

Göring

Generalfeldmarschall

Der 10. November hat der Gemeinde den Todesstoß gegeben. Ihre Auflösung nahm nunmehr ein rapides Tempo an. Sie hat sich in dieser Zeit behauptet, so gut es nur möglich war.

Sobald es sich nur machen ließ, fand wieder Gottesdienst statt. Unsere Thorarollen waren verbrannt, aber manche Privatleute hatten noch eine. Auch einige, die gerettet waren, wurden aus Landgemeinden nach Düsseldorf gebracht. Der Gottesdienst fand zunächst in dem Repräsentantensaal in der Bilkerstraße und später in dem Logenhause in der Grafenberger Allee statt. Von Anfang an war er stark besucht, weit mehr als bisher in unserer herrlichen Synagoge. Er war ganz einfach, aber voller Würde und in seiner Art sogar voller Schönheit. Mit Notwendigkeit war er wieder so wie vor Generationen in einer kleinen Landgemeinde. Von Orgel und Chor war keine Rede mehr. Von selber stellte sich wieder ein einfacher Gemeindegesang her. Unsere Talare waren verbrannt. So amtierten wir alle im langen Tallis. Die Kanzel war verschwunden, der Raum klein. So hörte die Predigt auf, und an ihre Stelle trat eine zwanglose und persönliche Schrifterklärung in einfacher Form. Die deutsche Sprache verschwand aus dem Gottesdienst [...] Nach unserem Weggang wurde auf der Grafenberger Allee noch ein zweiter Raum für den Gottesdienst eingerichtet. Beide waren immer stark gefüllt. Die Gemeinde zählte noch etwa 2 400 Mitglieder, an den Schabbesgottesdiensten nahmen stets gegen 300 teil. Niemals waren in guten Zeiten so viele Schule [d. h. zum Gottesdienst] gegangen. Dabei glaube ich nicht, daß die Menschen frömmer geworden sind, im Gegenteil, die Judenverfolgung in Deutschland und im Besonderen der Pogrom stellten eine schwere Belastung für den Glauben dar, und die Einzelnen haben verschieden darauf reagiert. Unabhängig davon ist die Synagoge wieder geworden, was sie von Anfang an gewesen war, Beth Haknesseth, das Haus der Versammlung. Die Juden blieben in ihren Häusern, sie konnten es nicht wagen, sich auf der Straße zu zeigen. Man sah sie nicht mehr auf der Königsallee oder im Hofgarten, nicht am Rhein und nicht in irgendeinem Lokal. Die einzige Stätte, wo sie einander treffen konnten und etwas Geselligkeit fanden, war die Synagoge, und schon dadurch ist der Gottesdienst ein Segen geworden.

1. März 1939

Nun ist alles gepackt. Morgen fährt mein Junge mit einem Kindertransport nach England. Noch einmal ging ich mit ihm durch die dämmernde Stadt, durch die altvertrauten Straßen zum Tiergarten, zum Spielplatz, wohin sein täglicher Weg war, zum Zoo und zurück zur Kaiserallee zu seiner alten Schule. Noch einmal hat er seinen Lieblingslehrern Lebewohl gesagt. Sie wissen und bestätigen mir, daß sie überzeugt sind, daß der Junge seiner Schule und uns allen auch draußen Ehre machen wird. Darauf will ich hoffen und will daran denken, daß er morgen schon um diese Zeit draußen ist, im fremden Lande bei guten Menschen und in Sicherheit. Und ich erzähle ihm, daß wir bald nachfolgen werden, und wie er mir dann helfen wird, und ich lache, und mein Herz möchte aufschreien vor Weh! Weinen kann und darf ich nicht. Aber oft geht ein Schütteln durch meinen ganzen Körper – ein einziger großer Schmerz!

2. März 1939

Mein Kind ist fort! Früh um 6 Uhr haben wir den Jungen zum Schlesischen Bahnhof gebracht zum Kindertransport nach England. Wie erschütternd das war! Schon der Beamte der Gestapo, der uns empfing und alle beaufsichtigte, hatte mir wieder alles Erlebte aufgewühlt. Wegen dieser Gesellschaft müssen wir leiden, glücklos und heimatlos werden. Wir und unsere Kinder! Und wen ich alles traf an diesem Morgen! Eine Kollegin in tiefer Trauer – ihr Mann starb drei Tage nach der Entlassung aus dem Konzentrationslager. Sie schickt ihren Jungen weg. Eine Patientin von mir bringt ihr vierjähriges Mädelchen. Ein anderer Patient sein Töchterchen, dessen arische Mutter bereits im Ausland lebt. Immer mehr Bekannte kommen!

Und die Kinder, sie stellen sich an mit ihren Köfferchen, die sie ja selber tragen müssen. Jedes Kind bekommt eine Nummer, und die Kinder, sie kommen sich so wichtig, so interessant dabei vor, während es uns das Herz zerreißt.

Bald müssen wir uns verabschieden. Die Kinder sollen reihenweise zum Zug geführt werden. Begleitung der Eltern zum Bahnsteig ist verboten. Ich küsse meinen Jungen und flüstere ihm zu, »schau am Bahnhof Zoo aus dem Fenster«, mehr nicht.

Ein Gedanke ging mir durch den Kopf. Ich will versuchen, ihn zur Tat werden zu lassen. Ich weiß, der Zug hält am Bahnhof Zoo noch einmal. Vielleicht erreiche ich ihn und erhalte auf dem Bahnsteig noch einmal einen letzten, allerletzten Abschiedskuß von meinem Kinde. Ich werfe mich ins Auto, rase zum Zoo, löse die Bahnsteigkarte, stürze hinauf und bin vor dem Zug noch da.

Ich kaufe noch einige Kekse, eine illustrierte Zeitschrift und schon sehe ich den Zug heranbrausen. Der Bahnsteig ist ziemlich leer, niemand verbietet mir, an den Zug heranzugehen. Und mein Junge sieht aus dem Fenster und sieht seine Mutti noch einmal. »Einen feinen Platz hab ich, Mutti«, zwitschert er mit seinem frohen Kinderstimmchen. Ich aber sage: »Schau Junge, wie schön die Frühlingssonne über dem Planetarium heraufkommt und wie fein die Gedächtniskirche von hier oben aussieht. Einen herrlichen Reisetag habt Ihr, Ihr Glückskinder!«

Noch einmal halte ich meines Jungen geliebte Hände, er beugt sich aus dem Fenster, noch ein Kuß und der Zug entführt ihn mir.

18. März 1939

Alle Juden müssen Silber und Schmuck abliefern, abliefern in der Pfandleihe. Jetzt weiß ich wenigstens, warum schon im Vorjahr für die Steuer eine so genaue Bestandsaufnahme gemacht werden mußte. Wir haben alles korrekt aufgezählt. Bekannte lachen uns aus. »Wie konntet Ihr nur? Wir waren klüger.« Aber dafür dürfen wir jetzt auch, nachdem wir gleich allen anderen das Sühneopfer voll und ganz bezahlt haben, noch unsere anderen Gold- und Silberwerte abliefern. Drei Bestecke, nebst Löffen dürfen wir für uns behalten – drei von den vielen kostbaren. Nicht um den wirklichen Verlust trauere ich. Die Pietät, die mir gerade dieses Familiensilber so besonders wert macht, sie will sich dagegen auflehnen. Auch ein paar kleine Schälchen, 5 Stück, jedes nicht schwerer als 40 Gramm, den Trauring und eine silberne Uhr genehmigen sie uns noch. Alles andere muß ich nun zusammenpacken.

Noch einmal gleitet der alte kostbare Familienschmuck durch meine Hände. Ich selber habe ihn nie getragen – er war mir viel zu kostbar. Doch in meiner Phantasie habe ich bereits eine junge Schwiegertochter damit beglückt. Die Brillantbrosche, die meine Mutter mir geschenkt, als ich Vater in seiner schweren Krankheit behandelt hatte, den Ring vom Großvater, das erste Angebinde, das mein Mann mir an den Finger gesteckt, noch ehe wir öffentlich verlobt waren, die Kette, die zu des Jungen Geburt mir um den Hals gelegt, und die ich seither als einziges Schmuckstück ständig getragen habe – Stück für Stück betrachte ich es noch einmal. Dann lege ich es traurig zu den anderen – Erinnerungen an glückliche Stunden, an Zeiten des Glücks und des Wohlstands, auch ohne diese äußeren Zeichen wird sie mir nie entschwinden. Und ich packe den Koffer zusammen, er ist doch reichlich schwer geworden. Ob wohl manches meiner Erbstükke bald die Nazifrauen schmücken wird? Ob sie ihre Festestische mit meinen Bestecken und silbernen Schalen schön machen werden oder ob sie wirklich alles einschmelzen für Kanonen, wie es erzählt wird? Mir ist es gleich. Nur fort aus diesem Lande, mich schüttelt Ekel vor allem, was hier geschieht.

6. April 1939

Alles ist gepackt. Vier Tage waren Packer und Zollinspektoren im Hause. Es war furchtbar.

Ich selbst durfte nichts anfassen. Jedes Stück haben die Beamten durchschnüffelt und durchwühlt.

Auf einer Briefwaage haben sie kontrolliert, ob nicht etwa eines der fünf genehmigten Silberschälchen mehr als 40 Gramm wiegen könnte. Doch alles war korrekt.

Aber furchtbar war es für mich doch, daß jeden Abend die Beamten, ehe sie gingen, einige Zimmer meiner Wohnung versiegelten. Vielleicht, so dachten sie wohl, hätte ich sonst noch etwas Unerlaubtes hineingepackt! Doch jeden Tag wurden die Beamten etwas freundlicher. Und am letzten Tag habe ich von dem einen Beamten gehört: »Frau Doktor, Sie sind doch wohl arisch?« »Nein, warum?« habe ich gefragt. »Ach, ich dachte nur so – und eigentlich ist es doch ein Jammer, daß Sie von hier fortgehen!«

»Nach dem Bekanntwerden des Todes des Gesandtschaftsrates Rath wurde von der Bevölkerung allgemein erwartet, daß gegen die Juden Vergeltungsmaßnahmen ergriffen werden würden; auch in der Presse wurde andeutungsweise darauf vorbereitet. Die heute früh tatsächlich einsetzende Aktion war also stimmungsmäßig bereits vorbereitet. [...]

Die Aktion gegen die jüdischen Tempel erregte naturgemäß großes Aufsehen, es sammelten sich ungeheure Menschenmassen an, die den Ablauf der Ereignisse interessiert und mit Zustimmungsäußerungen verfolgten und, soweit sie daran nicht gehindert wurden, begannen sie auch selbst sich aktiv an den Aktionen zu beteiligen. Ebenso wurden die Verhaftungen der Juden und die Schließung der jüdischen Geschäfte und Lokale mit immer größerem Aufsehen verfolgt. Alle diese Aktionen fanden die ungeteilte Zustimmung der versammelten Menschenmassen. [...] Es erreiche nun die Juden nur ein gerechtes Los und hoffentlich würden nun die Juden, nach dem Pariser Mord, endgültig aus Wien herausgetrieben werden. Mitleid mit dem Los der Juden wurde fast nirgends laut und wo sich ein solches dennoch schüchtern an die Oberfläche wagte, wurde diesem von der Menge sofort energisch entgegen getreten, einige allzugroße Judenfreunde wurden festgenommen. [...]

Gegen fünf Uhr nachmittags wurde die Weisung Dr. Goebbels durchgegeben, daß die Judenaktionen abzubrechen seien. Sie wurde zwar überall diszipliniert befolgt, doch wurden viele Stimmen laut, die bedauerten, daß mit den Aktionen nicht fortgesetzt werden dürfe, denn der heutige Tag sei *die* [Hervorhebung im Original] Gelegenheit, um mit dem Wiener Judenproblem radikal aufzuräumen. Zusammenfassend kann zu den heutigen Ereignissen in Wien gesagt werden, daß die Aktionen gegen die Juden, von ganz wenigen Ausnahmen abgesehen, die ungeteilte Zustimmung der Wiener Bevölkerung gefunden haben und daß die Auswanderungsfreudigkeit der Juden durch diese Aktionen sicher einen großen Aufschwung erfahren haben wird. Es kann als sicher angesehen werden, daß die Juden nach den heutigen Vorfällen den letzten Rest ihres Behauptungswillens aufgegeben haben. [...]«

Abschrift zu 84-60 Sdhft 15/11.38

16

Kgl. Britisches Generalkonsulat,

Wien I.

am 12.November 1938.

An

die Reichsstatthalterei,

in Wien I.

zu Händen Herrn Dr.Braunias.

Ich beehre mich, Ihnen die folgenden Vorkommnisse zur Kenntnis zu bringen:

Mrs. Gertrude DAWSON, britische Staatsangehörige durch Verehelichung, Gattin des Herrn Charles Barnejee Dawson, Inhaberin des britischen Reisepasses No. G. 34969 ausgestellt am 11.Juli 1938 vom britischen Vizekonsul in Prag, wohnhaft mit ihrer Mutter und ihrem Schwager in Döbling XIX, Heydthartstraße 2, teilt mir mit, daß am 10.d.M. um 17.30 etwa 1/2 Dutzend Männer, einige in der Uniform der S.A., andere im Zivilanzug mit dem NSDAP-Abzeichen, Mitglieder Ortsgruppe Krim, ihre Wohnung betraten und ihr Eigentum vernichteten. Als Beweggrund gaben sie ausdrücklich an: " sie sei britische Staatsangehörige und britische Staatsangehörige seien in einer zu bequemen Lage".

Frau Dawson behauptet, sie sei verhinder-t worden mich telefonisch anzurufen, da man sie in einem Zimmer einsperrte. Inzwischen zerstörten die Männer Möbel und Schmuck und zerrissen Geldnoten im Werte von RM 50. Schließlich wurde sie gezwungen, sich durch Unterschrift zu verpflichten, den Betrag von RM. 300 an die Winterhilfe zu zahlen, da die Männer sonst drohten, sollte sie dies verweigern, die Wohnung in Brand zu stecken.

L382877

Als

17

Als die Männer fort waren, begab sie sich zur Polizei, wo man ihr den Rat gab, die RM. 300 nicht zu zahlen. Sie ging dann zur Geheimen Staatspolizei. Ein Mitglied der S.S. begleitete sie nach Hause und erklärte sich "entsetzt" über das was er sah.

Ich wäre sehr verbunden, wenn die kompetenten Behörden eine sofortige Untersuchung dieses Falles einleiten würden. Ich habe dem Rechtsanwalt dieses Generalkonsulats die Weisung gegeben, zwecks Schadenersatzanspruchs Mrs. Dawson bei der Aufstellung einer Listeihrer vernichteten Gegenstände behilflich zu sein, und möchte Ihre Aufmerksamkeit besonders darauf lenken, daß etliche der für diese Gewalttätigkeit verantwortlichen Männer in der Uniform der S.A. derNSDAP waren und anscheinend dieselben sehr wohl wußten, daß Mrs. Dawson die britische Staatsangehörigkeit besitzt, gaben ja selbst dies als Grund für ihr Vorgehen an.

Ein eingehender Bericht über diesen Fall wird an meine Regierung und an den Kgl. Britischen Botschafter in Berlin übersandt, damit der Vorfall den zuständigen Reichsbehörden zur Kenntnis gebracht werden kann.

Mit dem Ausdruck vorzüglicher Hochachtung.

Gainer e.h.

Kgl. Britischer Generalkonsul.

L382878

29

Abschrift 84-60 12/12 Sdhft.

Légation de la
République Tchécoslovaque,

Nr.15.231/38.

Verbalnote.

Die Gesandtschaft der Cechoslovakischen Republik beehrt sich das Auswärtige Amt in nachstehender Angelegenheit um freundliche Vermittlung zu ersuchen:

Der cechoslovakische Staatsangehörige Hans Eugen Spiegler, zuständig nach Brünn, besitzt in Berlin W, Motzstraße 41 und in Berlin-Wilmersdorf, Berlinerstr.135, je ein Geschäft zur Durchführung von Schuhreparaturen. In der Nacht vom 9. zum 10.November d.J. wurden in beiden Geschäften sämtliche Schaufensterscheiben zertrümmert. Am 10.November d.J. drangen ungefähr 10 Männer in Zivil in das Geschäft in der Berlinerstraße und zertrümmerten die Einrichtung und die Maschinen. Am 22.November d.J. wurde dem genannten cechoslovakischen Staatsangehörigen durch den Wachtmeister des zuständigen Polizeireviers mündlich aufgetragen, die Tätigkeit seines Betriebes vollständig einzustellen.

Der genannte cechoslovakische Staatsangehörige hat beim cechoslovakischen Generalkonsulat in Berlin seinen Schaden mit 25.000.- RM beziffert.

Die Gesandtschaft der Cechoslovakischen Republik beehrt sich das Auswärtige Amt ergebenst zu ersuchen, dahin zu wirken, daß dem genannten cechoslovakischen Staatsangehörigen die Wiederaufnahme seines Betriebes gestattet und der ihm zugefügte Schaden ersetzt würde.

L382892

Für eine Mitteilung in dieser Angelegenheit wäre die Gesandtschaft dem Auswärtigen Amte zu Dank verbunden.

Berlin, am 12.Dezember 1938.

An das Auswärtige Amt in Berlin.

102

GEZANTSCHAP
DER
NEDERLANDEN

No. 6200/580.

V e r b a l n o t e.

Unter Bezugnahme auf den Schlussabsatz ihrer Verbalnote vom 10 November v.J., No. 5325/580, beehrt sich die Kgl.Niederländische Gesandtschaft dem Auswärtigen Amt mitzuteilen, dass bei der am 10. November v.J. stattgefundenen Zerstörung jüdischer Geschäfte, auch de Geschäft der Witwe S. Wertheim, Berzeliusstrasse 29 in Essen-West Schaden zugefügt worden ist. Genannte niederländische Staatsangehör ge hatte ein Damenhüte-Geschäft, aus welchem laut Erklärung des Niederländischen Konsuls dortselbst, nach dem Einwerfen der Fenster, ziemlich alles auf die Strasse geworfen und mitgenommen wurde.

Die Kgl.Niederländische Gesandtschaft beehrt sich dem Auswärtigen Amt anbei eine spezifizierte Liste des erlittenen Schadens zu üb reichen. Die Versicherungsgesellschaft "Neue Frankfurter Allgemein Versicherungs-A.G." weigerte sich den Schaden der eingeworfenen Fen zu vergüten.

Die Gesandtschaft beehrt sich dem Auswärtigen Amt auftragsgemä mitzuteilen, dass die Niederländische Regierung zuversichtlich annimmt, dass die Deutsche Regierung genannte niederländische Staatsangehörige gänzlich entschädigen wird.

Berlin, den 3. Januar 1939.

An das Auswärtige Amt,

Berlin.

L382960

5. Propaganda und Verschleierung

»Der Prozeß [gegen Grynszpan] bietet daher die Möglichkeit, vor aller Welt die entscheidende Mitwirkung des Weltjudentums bei dem Ausbruch des jetzigen Krieges nachzuweisen.«

Aus einer »Führerinformation« des Reichsministeriums für Volksaufklärung und Propaganda vom November 1941

Einflußnahme auf den Prozeß gegen Grynszpan in Paris

Am 11. November 1938, also noch vor dem Staatsbegräbnis vom Raths, fand auf Weisung von Goebbels die erste Besprechung zur »Durchführung des Mordprozesses Grynszpan« statt, an der neben den zuständigen Referenten des Propagandaministeriums je ein Vertreter des Auswärtigen Amts und der Auslandsorganisation der NSDAP sowie Professor Friedrich Grimm als Rechtsberater teilnahmen. Letzterer hatte bereits die deutschen Interessen nach der Ermordung des Landesgruppenleiters Wilhelm Gustloff 1936 in der Schweiz vertreten.

Auf der Sitzung wurde neben der Frage des voraussichtlichen Prozeßverlaufes in Paris vor allem die Möglichkeit einer deutschen Beteiligung und Einflußnahme erörtert. Die Sitzungsteilnehmer erkannten die Federführung des Reichspropagandaministeriums an und vereinbarten »engste Zusammenarbeit«.[1]

Bei einer seiner ersten Reisen nach Paris erfuhr Professor Grimm im Dezember 1938, daß sich die Verteidiger Herschel Grynszpans bemühten, dessen Eltern als Zeugen nach Paris zu laden, damit sie vor Gericht über die gewaltsamen Umstände ihrer Abschiebung berichteten, mit denen der Angeklagte seine Tat motivierte. Um nun zu verhindern, daß die Eltern Grynszpans vor aller Öffentlichkeit über ihre leidvollen Erfahrungen mit der Gestapo bei der Deportation an die polnische Grenze Aussagen machten, die für das NS-Regime peinlich gewesen wären, wandte sich das Propagandaministerium an das Auswärtige Amt mit der Bitte, durch Einwirkung auf das polnische Außenministerium in Warschau den Eltern die Ausreise zu versagen.[2]

Tatsächlich wies das Auswärtige Amt am 22. Dezember 1938 die Botschaft Warschau an, »bei der Polnischen Regierung umgehend vorstellig zu werden, damit diese die Ausreise der Familie Grünspan zur Vernehmung in Paris in geeignet erscheinender Weise verhindert«.[3] Ein hoher Vertreter des polnischen Außenministeriums soll »vollstes Verständnis« für diesen Wunsch und Entgegenkommen signalisiert haben.[4]

Professor Grimm, der am 1. Mai 1939 zu einer Besprechung über den Grynszpan-Prozeß bei der Deutschen Botschaft in Warschau war, berichtete anschließend, daß die Angelegenheit den Polen »ziemlich gleichgültig sei«. Polen sei ohnehin »in der Welt als der antisemitischste [sic] Staat bekannt, und etwas mehr oder weniger Propaganda in dieser Richtung sei ihnen gleichgültig«. Die polnische Regierung habe zugesagt, die Ausreise der Eltern Grynszpans »nicht ohne weiteres« zuzulassen.[5]

Es kam zu keiner Ausreise. Die Eltern und Geschwister Grynszpans blieben bis zum Beginn des Zweiten Weltkrieges in Polen und flohen dann in die UdSSR. Markus Grynszpan, Herschels Bruder, trat in die Rote Armee ein. Seine Eltern erlebten das Kriegsende in Astrachan an der Wolga.[6]

Mit großem Aufwand betrieb unterdessen das Reichsministerium für Volksaufklärung und Propaganda im Benehmen mit Gestapo und Auswärtigem Amt die politisch-propagandistische Vorbereitung auf den Prozeß gegen Herschel Grynszpan, der im Herbst 1939 im Pariser Justizpalast eröffnet werden sollte.

Wolfgang Diewerge, der zuständige Referent im Propagandaministerium, verfaßte ein »Gelbbuch über Grünspan und seine Helfershelfer«, das im Juni 1939 unter dem Titel »Anschlag gegen den Frieden« im Zentralverlag der NSDAP erschien. Diewerge vertrat darin die Auffassung, daß die Mordtat in Paris »ein bewußter und gewollter Anschlag« des Judentums »gegen Versöhnung und Frieden«

unter den Völkern gewesen sei. Hinter Grynszpan stünde das »Weltjudentum«, das den Mörder nicht nur decke, sondern auch für den Anschlag verantwortlich sei. »Der nationalsozialistische Weltkampf um die Befreiung des deutschen Volkes vom Judentum und die Abwehr jüdischer Angriffe gegen Frieden und Verständigung« sei in ein letztes und entscheidendes Stadium getreten.[7] So offensichtlich haltlos und plump propagandistisch Diewerges Darstellung auch war, so bemerkenswert ist die Zustimmung, die das Gelbbuch unter vergleichsweise gut informierten Zeitgenossen fand, zum Beispiel beim deutschen Botschafter in Paris, Graf Welczeck, und beim stellvertretenden Leiter der Rechtsabteilung im Auswärtigen Amt, Gesandten Albrecht.[8]

Die sehr sorgfältigen Ermittlungen der französischen Polizei und Justiz ergaben keinerlei Anhaltspunkte für Hintermänner bei der Planung und Durchführung des Attentats; ebensowenig fanden sich Hinweise, daß Grynszpan im Auftrag des »internationalen Judentums« gehandelt hätte.[9]

Der Ausbruch des Zweiten Weltkriegs am 1. September 1939 lähmte zunächst die Prozeßvorbereitungen der französischen Justiz, der Überfall auf Frankreich im Mai 1940 brachte sie gänzlich zum Erliegen.

Auslieferung Grynszpans 1940

Kurz vor Einnahme der französischen Hauptstadt durch deutsche Truppen Mitte Juni wurde Herschel Grynszpan aus der Jugendabteilung des Gefängnisses in Fresnes nach Orléans überführt. Von dort gelangte er über Bourges nach Toulouse, wo ihn eine Gestapo-Staffel der Geheimen Feldpolizei im Auftrag der Deutschen Botschaft Paris aufspürte. Auf Druck des Auswärtigen Amts gegenüber der französischen Waffenstillstandskommission wurde Grynszpan dann am 14. Juli 1940 der Geheimen Feldpolizei übergeben und anschließend in das Gefängnis des Geheimen Staatspolizeiamts in Berlin, Prinz-

Albrecht-Straße 8, gebracht.[10] Das Auslieferungsbegehren verstieß gegen Art. XIX des Waffenstillstandsabkommens, nach dem Frankreich nur verpflichtet war, *deutsche* Staatsangehörige auf Verlangen der Reichsregierung auszuliefern.

Diese Rechtsverletzung mag angesichts der 1940 schon weit fortgeschrittenen Rechtsverwahrlosung im Dritten Reich nicht weiter verwundern. Um so bemerkenswerter ist dagegen die Aufzeichnung des stellvertretenden Leiters der Rechtsabteilung im Auswärtigen Amt vom 19. Juli 1940, derzufolge die Übergabe Grynszpans an die deutschen Behörden *nicht* – wie ausdrücklich betont wird – auf eine Bitte der Geheimen Feldpolizei zurückginge, sondern auf eine – über die Waffenstillstandskommission gestellte – Forderung des Auswärtigen Amtes. Der Eindruck drängt sich auf, daß die völkerrechtswidrige Auslieferung Grynszpans dem AA auch noch zum Verdienst gereichen sollte. Die Aufzeichnung Albrechts gelangte über den Leiter der Rechtsabteilung, Unterstaatssekretär Gaus, und den Staatssekretär v. Weizsäcker zur Vorlage beim Reichsaußenminister von Ribbentrop, die sie ohne ersichtlichen Kommentar zur Kenntnis nahmen.[11]

Anklage vor dem Volksgerichtshof in Berlin

Um Herschel Grynszpan baldmöglich den Prozeß zu machen, wurden auf Drängen Grimms und Diewerges in enger Zusammenarbeit mit Dienststellen der Gestapo und der Botschaft Paris alle relevanten Akten der Polizei, des Gerichts und der gegnerischen Anwälte in Frankreich beschlagnahmt, ausgewertet und nach Berlin transportiert. Während das Amt IV (Gestapo) des Reichssicherheitshauptamtes die polizeilichen Ermittlungen führte, blieb Grynszpan im Hausgefängnis des Gestapa. Nach Abschluß der Ermittlungen kam er dann im Januar 1941 in das Konzentrationslager Sachsenhausen, wo er als privilegierter Sonderhäftling im Zellenbau untergebracht wurde. »Er erhielt SS-Verpflegung, durfte seine Haare behalten und hatte gewisse Bewegungsfreiheiten«, wie Harry Naujoks in seinen Erinnerungen berichtet. Nach etwa einem Jahr, mit Beginn der konkreten Prozeßvorbereitungen, verlegte man ihn in das Untersuchungsgefängnis Berlin-Moabit.[12]

Im Sommer 1941 wies das Reichsjustizministerium die Reichsanwaltschaft an, gegen Grynszpan Anklage vor dem Volksgerichtshof zu erheben. Die überlieferte Anklageschrift datiert vom 16. Oktober 1941. Darin klagt der Oberreichsanwalt Lautz »den berufslosen Juden Herschel Feibel (Hermann) Grynszpan, zuletzt in Paris wohnhaft gewesen, zur Zeit in der Untersuchungshaftanstalt Berlin-Moabit in polizeilicher Schutzhaft, bisher ohne Verteidiger«, an, am 7. November 1938 in Paris durch dieselbe Handlung

»1. das hochverräterische Unternehmen, den Führer und Reichskanzler sowie die Mitglieder der Reichsregierung mit Gewalt oder durch Drohung mit Gewalt zu hindern, ihre verfassungsmäßigen Befugnisse in einem bestimmten Sinne auszuüben, vorbereitet zu haben, wobei die Tat im Ausland begangen ist,

2. aus niedrigen Beweggründen und heimtückisch einen Menschen, den Gesandtschaftsrat Ernst vom Rath, getötet zu haben [...].«

Der Angeklagte habe den Gesandtschaftsrat vom Rath in der Absicht getötet, »dadurch die Weltöffentlichkeit auf angebliche Drangsalierungen der Juden in Deutschland aufmerksam zu machen und zu erreichen, daß auf die Reichsregierung ein Druck ausgeübt werde, ihre Maßnahmen zur Ausschaltung jüdischen Einflusses auf das deutsche Volksleben nicht weiter durchzuführen«.[13]

Daß der Prozeß von Anfang an auf die Verhängung der Todesstrafe hinauslaufen sollte, offenbart neben der Anklageschrift auch die von Diewerge im November 1941 verfaßte »Führerinformation« des Propagandaministeriums, die nach Zustimmung Hitlers auch dem Auswärtigen Amt vorgelegt wurde: »Als Termin für die vom Führer angeordnete Aburteilung des Mörders Grünspan ist Mitte Januar 1942 vorgesehen. Der Mordprozeß findet vor dem Volksgerichtshof in Berlin statt. Die Anklage geht auf Hochverrat in Verbindung mit Mord. Der Hergang der Tat und die Verantwortlichkeit des Mörders sind unbestritten. Die Todesstrafe ist auch gesetzlich möglich« (vgl. 5.1).

Ablenkung von den Judendeportationen

Überdies sind der »Führerinformation« zwei wesentlich politisch-propagandistische Funktionen zu entnehmen, die der geplante Schauprozeß erfüllen sollte:

Herschel Grynszpan habe sich stets »als Werkzeug des Weltjudentums gefühlt und bezeichnet. Er ist nach der Mordtat von führenden jüdischen Organisationen der ganzen Welt als Vorkämpfer gegen den Nationalsozialismus verherrlicht worden. Seine Tat ist vom Weltjudentum als bewußtes Fanal zum Kriege bezeichnet worden.« Der Prozeß biete daher die Möglichkeit, »vor aller Welt die entscheidende Mitwirkung des Weltjudentums bei dem Ausbruch des jetzigen Krieges nachzuweisen«. Die »geistige Urheberschaft des Weltjudentums bei der Tat« sei erwiesen. Auf der Anklagebank werde also neben Grynszpan auch das »Weltjudentum« sitzen.

Es seien darüber hinaus »nun weitere Möglichkeiten vorhanden, den Zeugenvernehmungen eine besondere politisch-propagandistische Bedeutung zu geben«. Der Leiter der Auslandsorganisation der NSDAP, Bohle, könne »über die Verfolgung der Auslandsdeutschen durch das Weltjudentum gehört werden. Es liegen Hunderte von unbestreitbaren Fällen vor, deren Bekanntgabe im deutschen Volke *jede Mitleidsregung für die aus Deutschland jetzt auszuweisenden Juden ersticken würde.*«[14]

Schuldzuweisung an das »Weltjudentum« für den Ausbruch des Zweiten Weltkriegs, Ablenkung von den Judendeportationen Anfang 1942 und Neutralisierung potentieller »Mitleidsaktionen« für die jüdischen Opfer – auf diesen Kern konzentrieren sich die politisch-propagandistischen Zielsetzungen, die mit dem Prozeß gegen Herschel Grynszpan erreicht werden sollten.

Ziele und Methoden dieser Propaganda mögen heute durchsichtig und unglaubwürdig erscheinen, zu ihrer Zeit wurden sie mit großem Aufwand – personeller wie materieller Art – und weitreichendem Anspruch betrieben. Zeitgleiche Propagandaaktionen mit ähnlicher Stoßrichtung (vgl. 5.2) unterstreichen die Konsequenz und Unerbittlichkeit der nationalsozialistischen Judenpolitik.[15]

Am 5. Januar 1942 fand im Propagandaministerium unter Vorsitz von Ministerialrat Diewerge eine Besprechung über den geplanten Prozeß statt, an der Vertreter des Auswärtigen Amts, des Reichsjustizministeriums, der Reichsanwaltschaft und der Auslandsorganisation der NSDAP teilnahmen. Als neuer Termin für den Prozeß, der ungefähr eine Woche in Anspruch nehmen sollte, wurde Ende Februar (1942) in Aussicht genommen. Dem Sitzungsprotokoll zufolge sollte die deutsche Presse am Jahrestag der Ermordung Wilhelm Gustloffs (4. Februar) »das deutsche Volk von der Tatsache unterrichten, daß Grünspan sich in unserer Hand befindet und daß der Prozeß in Berlin durchgeführt wird«.[16] Etwa zwanzig ausländische Pressevertreter seien als Prozeßbeobachter zu laden, damit die »Erkenntnisse« des Gerichts auch im Ausland Verbreitung fänden.

Abbruch der Prozeßvorbereitungen

Trotz zahlreicher Besprechungen zwischen den Vertretern der beteiligten Ressorts und trotz detaillierter Absprachen zur Steuerung der Hauptverhandlung wurden die Prozeßvorbereitungen im Sommer 1942 abgebrochen, da Herschel Grynszpan mit dem Hinweis auf homosexuelle Hintergründe des Attentats vom 7. November 1938 sämtliche Prozeßstrategien durchkreuzt hatte. Außerdem befürchteten die Anklagevertreter, daß Grynszpan vor aller Öffentlichkeit die Rechtmäßigkeit seiner Auslieferung und die Zulässigkeit der deutschen Gerichtsbarkeit in Zweifel ziehen könnte.[17]

Aus der Fülle der komplexen und teilweise auch widersprüchlichen Aktenvorgänge, die hier nicht auszubreiten sind, läßt sich die Entschlußbildung im wesentlichen wie folgt rekonstruieren: Das Reichssicherheitshauptamt und das Reichsjustizministerium traten der Prozeßführung indirekt entgegen, vor allem durch die Aufnahme des homosexuellen Tatmotivs in die Akten. Das Propagandaministerium und das Auswärtige Amt plädierten zunächst für die

Durchführung des Schauprozesses, vornehmlich aus politisch-propagandistischen Erwägungen (vgl. 5.3).

Der Grund für die Reserviertheit des Reichssicherheitshauptamtes und des Justizministeriums bei der Prozeßvorbereitung dürfte vor allem auf den frühzeitigen Verdacht homosexueller Tatmotive zurückzuführen sein. Nach den schon 1941 vorliegenden Erkenntnissen habe sich Grynszpan in Paris als Strichjunge und »Zutreiber« für vom Rath betätigt, der im einschlägigen Milieu unter den Spitznamen »Botschafterin« und »Notre Dame de Paris« in Erscheinung getreten sei.[18]

Mitte April 1942 ist ein Meinungswandel im Propagandaministerium erkennbar. Am 14. April warf Goebbels der Justiz noch psychologische Ungeschicklichkeit vor, weil sie »das Problem der Homosexualität, das gar nicht zur Debatte steht, mit in die Verhandlungen einbezogen« habe und weil überdies »die Frage der Judenevakuierungen« öffentlich behandelt werden solle. Er, Goebbels, wolle dafür sorgen, »daß diese beiden Komplexe im Gerichtssaal überhaupt nicht zur Debatte gestellt werden«.[19] Doch schon am 16. April 1942 erklärte der Propagandaminister, »daß er größte Zweifel habe, ob eine Durchführung des Prozesses tatsächlich zweckmäßig sei. Nachdem er von der Absicht des Mörders Kenntnis erhalten habe, die angeblich unerlaubten Beziehungen zum Ermordeten zur Sprache zu bringen, bestehe die Gefahr, daß der Angeklagte im Prozeß jede Aussage verweigere und sich nur auf eine ganz kurze Erklärung beschränke, mit der er auf diesen angeblichen Tatbestand hinweise« (vgl. 5.4).

Während Goebbels also bereits Abstand von der Inszenierung des Schauprozessses gegen Herschel Grynszpan genommen hatte, drängte der Reichsaußenminister v. Ribbentrop auf die baldige Eröffnung der Hauptverhandlung. Gesandter Krümmer, dessen Sonderreferat alle Angelegenheiten des Grynszpan-Prozesses federführend im Auswärtigen Amt bearbeitete, stellte in einer Notiz vom 25. April 1942 unter anderem fest:

»1. Der Prozeß ist nicht auf Initiative des Auswärtigen Amtes in die Wege geleitet worden. Nachdem es aber bekannt ist, daß der Prozeß stattfinden soll, wäre eine gegenteilige Entscheidung im Ausland propagandistisch gegen uns verwertbar. Es besteht daher in jedem Falle ein Interesse des Auswärtigen Amtes, daß der Prozeß stattfindet.

2. Mit Rücksicht auf mögliche Kriegsereignisse und auf schlechte Wirkungen einer zu langen Vorbereitungszeit soll der Prozeß so bald wie möglich durchgeführt werden.«[20]

Erst am 13. Mai 1942 rückte Ribbentrop aus innen- und außenpolitischen Gründen von seinem bisherigen Standpunkt ab und plädierte nunmehr für eine Verschiebung des Prozesses (vgl. 5.5). Maßgeblich dafür waren wohl auch die Zurückhaltung Hitlers und das Bemühen des Auswärtigen Amts, von den homosexuellen Hintergründen beim Attentat gegen den Diplomaten vom Rath abzulenken.

Verschleierung der Tathintergründe

Die Auffassung, daß Herschel Grynszpan am 7. November 1938 zunächst den Botschafter des Deutschen Reiches in Paris, Graf Welczeck, sprechen wollte und darauf an den Legationssekretär vom Rath verwiesen wurde, der dann an Stelle des Botschafters dem Attentat erlegen ist, galt bislang als gesicherte Erkenntnis der zeitgeschichtlichen Forschung. Eine kritische Analyse der im Auswärtigen Amt überlieferten Akten verweist diese verbreitete Version jedoch in den Bereich der Propaganda.

Abgesehen davon, daß diese Version im April 1942 entstand, das heißt dreieinhalb Jahre nach dem Tatgeschehen, zu einer Zeit, als das Auswärtige Amt erstmals mit den als peinlich empfundenen homosexuellen Tathintergründen konfrontiert wurde, steht die These vom geplanten Mordanschlag auf den Botschafter Welczeck in eklatantem Widerspruch zu den authentischen Berichten der Botschaft Paris aus den Jahren 1938 und 1939, insbesondere zu Welczecks eigener Darstellung vom 8. November 1938 (vgl. oben 2.3).

Die Verschleierung der Tatmotive läßt sich von April 1942 an wie folgt aus den Akten nachweisen: Laut geheimer Aufzeichnung des Vortragenden Legationsrats Günther (Rechtsabteilung des AA) vom 27. April 1942 hat dieser am Tage zuvor fernmündlich von Professor Grimm erfahren, daß »Botschafter Graf Welczeck ihm [Grimm] im November 1938 persönlich erklärt habe, daß der Mörder Grünspan an dem Mordtage zunächst ihn – Welczeck – persönlich habe aufsuchen wollen, daß er aber, da er gerade habe fortgehen wollen und die Angelegenheit mit Rücksicht auf den persönlichen Eindruck des Grünspan, den er am Eingang der Botschaft gesehen hätte, nicht für besonders wichtig gehalten habe; er habe daher angeordnet, er solle sich an einen Legationssekretär wenden. So sei Grünspan zu Herrn vom Rath gekommen.« Grynszpan habe vom Rath also gar nicht persönlich gekannt, jedenfalls habe er ihn nicht aufsuchen wollen. Grimm vertrat in dem fernmündlichen Gespräch die Ansicht, »daß hiernach die Ladung des Grafen Welczeck als Zeuge in der Hauptverhandlung gegen Grünspan notwendig sei«.[21]

Darauf teilte Günther dem früheren Botschafter Welczeck, der sich auf Schloß Wasserleonburg (Kärnten) zurückgezogen hatte, durch geheimes Schreiben vom 27. April 1942 mit, daß er zu der für Mitte Mai geplanten Hauptverhandlung vor dem Volksgerichtshof mit Genehmigung des Reichsaußenministers v. Ribbentrop als Zeuge geladen werden sollte. Die Ladung würde ihm durch den Oberreichsanwalt beim Volksgerichtshof zugehen. Wörtlich fuhr Günther fort: »Das Beweisthema wird wahrscheinlich die Darstellung des Vorgangs sein, als Sie am Eingang der Botschaft am Tage des Mordes den Mörder sahen, der sich zuerst bei Ihnen melden lassen wollte, und den Sie, nachdem Sie gesehen hatten, daß es sich um einen ganz jungen Menschen handelte, an einen der Legationssekretäre haben verweisen lassen [...]. Es darf schon jetzt gebeten werden, Ihre voraussichtliche Aussage vor dem Termin dem Auswärtigen Amt [...] zugehen zu lassen.«[22]

Da die Antwort des Grafen Welczeck ausblieb, mahnte Günther am 12. Mai 1942, wiederum durch Geheimschreiben, die »beabsichtigte Zeugenaussage« an.[23] Unterdessen war das erste Schreiben von Wasserleonburg zur Güterverwaltung der gräflichen Familie in Laband (Oberschlesien) gelangt und dort geöffnet worden. In einer

Aufzeichnung vom 13. Mai 1942 für den Gesandten Krümmer stellte Günther fest, »daß auch der innere Umschlag, der das Geheimschreiben an den Botschafter Graf Welczeck enthielt, durch einen Umstand, den jedenfalls das Auswärtige Amt nicht zu vertreten hat, zerrissen ist und der Inhalt daher mindestens dem Direktor Wagner von der Güterdirektion [...] bekannt geworden ist. Es wird daher notwendig sein, mit Rücksicht auf den geheimzuhaltenden Inhalt des Schreibens an die Güterdirektion zu Hd. von Herrn Direktor Wagner heranzutreten, um ihn darauf hinzuweisen, daß über diese Sache unter keinen Umständen von ihm und den anderen Personen, die sie etwa noch erfahren haben sollten, gesprochen werden darf.«[24]

Eine Zeugenaussage des Grafen Welczeck aus der Zeit vor 1945 ist nicht überliefert.

Die Initiative Grimms, der seit 1938 neben Diewerge die Prozeßführung gegen Grynszpan steuerte und 1942 zum Abschluß bringen wollte, die außergewöhnliche Geheimhaltung, der alle Vorgänge unterlagen, die dezidierten Erwartungen des Auswärtigen Amts zur Zeugenaussage des Grafen Welczeck und nicht zuletzt dessen Schweigen lassen unzweifelhaft den Schluß zu, daß die Führung des AA mit Hilfe der Aussage Welczecks von der homosexuellen Verstrickung des tatsächlichen Opfers ablenken und das Augenmerk auf das vermeintliche Opfer, den Botschafter Welczeck, konzentrieren wollte. Der Zeuge Graf Welczeck bot sich um so mehr an, als er der höchste Repräsentant des Dritten Reiches in Frankreich war und das Attentat auf seine Person den Abschluß des gewünschten Prozesses gegen Herschel Grynszpan und das angeblich hinter ihm stehende »Weltjudentum« besonders gerechtfertigt hätte.

Wie sehr das Auswärtige Amt bemüht war, die homosexuellen Hintergründe des Attentats zu verschleiern und diesbezügliche Aussagen Grynszpans zu erschüttern, zeigt auch der folgende Vorgang: Am 29. April 1942 will der Vortragende Legationsrat Günther von dem Staatsanwalt beim Volksgerichtshof Künne erfahren haben, daß in den Kleidern des Angeklagten ein Kassiber gefunden worden sei, der in hebräischer Sprache abgefaßt war. Der Inhalt wird wie folgt referiert: »Grünspan erklärt, daß seine Aussagen gegenüber der Geheimen Staatspolizei auf Lüge beruhten. Es handelt sich dabei um die Angaben Grünspans darüber, daß er den Ermordeten vor der Tat gekannt und mit ihm unerlaubte Beziehungen unterhalten habe.« Des weiteren teilte Staatsanwalt Künne mit, »daß der Angeklagte den in seiner Zelle befindlichen Mitgefangenen mehrere chiffrierte Mitteilungen diktiert habe. [...] Grünspan selbst ist gefesselt und deshalb nicht in der Lage [,] selbst zu schreiben.«[25]

Günther nahm diese chiffrierten Schreiben mit ins Auswärtige Amt zur Entzifferung. Während das Chiffrier-Referat des AA die Schreiben entschlüsselte, ordnete der Leiter der Personal- und Verwaltungsabteilung im AA, Ministerialdirektor Schroeder, am 7. Mai 1942 an, daß die Mitwirkung des AA nach außen nicht in Erscheinung treten dürfe.[26]

Am 9. Mai 1942 trafen sich der stellvertretende Leiter des Sprachendienstes im AA, Dr. Reichhold, der Leiter des Chiffrier-Referats, Oberregierungsrat Paschke, und der Gruppenleiter in der Chiffrier-Abteilung des Wehrmachtführungsstabes, Ministerialrat Fenner, zu einer Besprechung, in deren Verlauf die Vertreter des AA dem Ministerialrat Fenner mitteilten, daß das AA beabsichtige, dessen Chiffrier-Abteilung als die Stelle zu bezeichnen, »von der eine bestimmte Geheimschrift entziffert werden könne«. Fenner erklärte sich bereit, die Entzifferung der Geheimschrift vorzunehmen. Außerdem verpflichtete er sich zur Verschwiegenheit darüber, daß das Auswärtige Amt jemals mit der in Frage stehenden Geheimschrift etwas zu tun gehabt hätte und daß die Schweigepflicht auch in dem Falle gelte, daß er oder einer seiner Mitarbeiter als Zeugen oder Sachverständige vor den Volksgerichtshof geladen würden.[27]

Am 11. Mai 1942 schließlich gab der Vortragende Legationsrat Günther dem Staatsanwalt Künne das angeblich von Grynszpan »herrührende Geheimschriftenmaterial zurück« und bemerkte dazu wahrheitswidrig in seiner Aufzeichnung vom selben Tage, »daß das Auswärtige Amt [...] nicht in der Lage sei, derartige Geheimschriften zu entziffern, da es weder über entsprechende Kräfte verfüge noch sich überhaupt mit derartigen Arbeiten befasse«. Sodann teilte Günther dem Staatsanwalt Künne mit, »daß das Oberkommando der Wehrmacht imstande sei, diese Arbeit durchzuführen. [...] Das Auswärtige Amt lege Wert darauf, das Ergebnis zu erfahren. Als die für die Entzifferung in Frage kommende Person bezeichnete VLR Günther Herrn Ministerialrat Fenner vom OKW.«[28]

Zwischenzeitlich, am 8. Mai 1942, hatte Günther der Botschaft Paris durch Geheimtelegramm mitgeteilt, daß die Entzifferung der chiffrierten Schreiben »hier«, das heißt im Auswärtigen Amt, gelungen sei. Diese Tatsache dürfe aber weder dem Volksgerichtshof noch dem Oberreichsanwalt bekannt werden. Nach außen sei vielmehr das OKW als für die Entzifferung verantwortlich hinzustellen. In der vom AA entschlüsselten Geheimschrift widerrief Grynszpan seine vor der Gestapo gemachte Aussage, er habe homosexuelle Beziehungen zum Legationssekretär vom Rath unterhalten.[29]

Wenig später, wohl im Juni 1942, äußerte Grynszpan dann den Verdacht, »daß der Ermordete zu Anderen gleichgeschlechtliche Beziehungen gehabt habe«. Diese Mitteilung diente als Grundlage für eine »Führerinformation«, die das Reichsjustizministerium am 3. Juli 1942 für Hitler fertigte (vgl. 5.6). Um den Verdacht Grynszpans zu bekräftigen und so den Prozeß endgültig zu hintertreiben, fügte das Reichsjustizministerium im zweiten Teil der »Führerinformation« noch hinzu, daß auch ein Bruder vom Raths homosexuell veranlagt und bereits wegen »Unzucht mit Männern« verurteilt worden sei. Eine Überprüfung dieser Darstellung an Hand der Wehrmacht-Personalkartei bestätigte, daß der ehemalige Oberleutnant G. v. R. auf Grund eines Kriegsgerichtsurteils vom 6. Juni 1941 nach Rangverlust aus der Wehrmacht ausgeschieden ist.

Diese »Führerinformation« des kommissarischen Reichsjustizministers (Schlegelberger) vom 3. Juni 1942 kommt der historischen Wirklichkeit am nächsten. Dagegen laufen die rechtswidrige Schweigeverpflichtung und die wahrheitswidrigen Aufzeichnungen, die in der Rechtsabteilung des Auswärtigen Amts entstanden, auf eine Verfälschung der tatsächlichen Gegebenheiten hinaus – mit dem Ziel, von der ebenso peinlichen wie verpönten Homosexualität als Attentatshintergrund abzulenken.

Zum weiteren Schicksal Herschel Grynszpans

Nachdem die Vorbereitungen zum Prozeß vorläufig auf den Herbst 1942 verschoben und schließlich – ohne formellen Beschluß – eingestellt wurden, versiegen die Quellen, die über das weitere Schicksal Herschel Grynszpans Aufschluß geben könnten.

Für die von Helmut Heiber vertretene These, daß Grynszpan den Zweiten Weltkrieg überlebt habe und anschließend mit falscher Identität in Paris untergetaucht sei, fanden sich keine dokumentarischen Belege.

Verschiedene Hinweise lassen vielmehr vermuten, daß Herschel Grynszpan im KZ Sachsenhausen ermordet worden ist: Nach der Erinnerung eines ehemaligen Häftlings, der 1956 mit dem »Henker von Sachsenhausen«, Sakowski, im Zuchthaus Bautzen zusammengekommen war, habe dieser ihm eingehend über seine Tätigkeit berichtet und dabei auch erwähnt, daß er den Mörder vom Raths aufhängen mußte.[30]

Diese Darstellung deckt sich im Ergebnis mit den Erinnerungen des Lagerältesten Naujoks und anderer ehemaliger Häftlinge des KZ Sachsenhausen, die Herschel Grynszpan Anfang August 1942 zum letztenmal gesehen haben wollen. Er (Grynszpan) habe ihnen an diesem Tage erklärt, daß seine Untersuchung beendet sei und daß er glaube, er lebe den letzten Tag. Seitdem hätten sie ihn nie wiedergesehen.[31]

Im Jahre 1957 wies Sendel Grynszpan, der Vater Herschels, die weit verbreitete Darstellung Heibers durch eine eidesstattliche Erklärung als falsch zurück: »Die letzte Nachricht, die ich von meinem Sohn bekam, war in einem Rot-Kreuz-Brief enthalten, den ich im Jahre 1940 erhielt [...]. Seitdem habe ich direkt von meinem Sohn nichts mehr gehört, weder während des Krieges, noch nach dem Kriege. – Ich habe nicht den geringsten Zweifel, daß mein Sohn, wenn er am Leben geblieben wäre, sich mit mir nach dem Kriege in Verbindung gesetzt hätte. [...] Ich habe nach dem Kriege alles mögliche angestellt, um sein Schicksal zu erfahren. Mein Sohn Markus ist nach dem Kriege [...] in Paris gewesen und hat das Gleiche getan.

Meine Pariser Verwandten haben nach ihm gesucht – es hat nichts genützt.«[32]

Auf Antrag seines Vaters wurde Herschel Grynszpan durch Beschluß des Amtsgerichts Hannover vom 14. Juni 1960 mit Wirkung vom 8. Mai 1945 für tot erklärt.[33]

Anmerkungen zum 5. Kapitel

1 ZstA Potsdam, Reichsministerium für Volksaufklärung und Propaganda, Nr. 979, Bl. 10 f.
2 Ebda., Bl. 77.
3 Geheimes Telegramm vom 22. 12. 1938, gez. Gaus, in: PA des AA, Rechtsabteilung, Strafrecht, Nr. 21, Bd. 2.
4 Geheimes Telegramm der Botschaft Warschau, gez. Scheliha, v. 23. 12. 1938, in: ebda.
5 Bericht Grimms v. 2. 5. 1939, in: ebda.
6 Vgl. Protokoll der Sitzung 14 im Verfahren gegen Adolf Eichmann vor dem Bezirksgericht Jerusalem, Strafrecht 40/61, Aussage Sindel Grynszpans, in: Die Kristall-Nacht, hrsg. von T. Friedmann.
7 Diewerge, Wolfgang: Anschlag gegen den Frieden. Ein Gelbbuch über Grünspan und seine Helfershelfer, München 1939, S. 36 ff.
8 Schreiben des Botschafters Graf Welczeck v. 22. 8. 1939 an Diewerge, in: ZStA Potsdam, Reichsministerium für Volksaufklärung und Propaganda, Nr. 1009, Bl. 68. Vgl. auch den Runderlaß der Rechtsabteilung des AA, gez. Albrecht, v. 20. 9. 1939: Die Schrift Diewerges sei geeignet, »die Öffentlichkeit nicht nur über den Stand des Prozesses und die Vorgänge, die zu ihm geführt haben, sondern auch über die weiteren Zusammenhänge aufzuklären, die den Mord gegen Gesandtschaftsrat vom Rath als einen Teilabschnitt in dem Kampf des Weltjudentums gegen das Dritte Reich und gegen einen Frieden der Verständigung erkennen lassen« (StA Nürnberg, KV-Anklage, NG 3973).
9 Vgl. die Ermittlungsakten in: ZStA Potsdam, Nr. 980.
10 Vgl. PA des AA, Rechtsabteilung, Strafrecht, Nr. 21, Bd. 6, Bl. 160–192.
11 Ebda., Bl. 18.
12 Naujoks: Mein Leben im KZ Sachsenhausen, S. 223; Anklageschrift des Oberreichsanwalts beim VGH v. 16. 10. 1941, in: BA Koblenz, R 60 II, 79
13 BA Koblenz, R 60 II, 79.
14 PA des AA, Sonderakten Krümmer 2/1, Hervorhebung durch den Verf. (H.J.D.)
15 Vgl. auch die 1941/42 weit verbreitete Kampfschrift »Nun erst recht: Juden raus!«
16 Aufzeichnung des LS Platzer v. 6. 1. 1942, in: PA des AA, Sonderakten Krümmer 2/1.
17 Vgl. die Aufzeichnung des VLR Günther (Rechtsabteilung des AA) v. 28. 3. 1942, in: PA des AA, Sonderakten Krümmer 2/1.

18 Vgl. Soltikow: Meine Jahre bei Canaris, S. 374; Zeugenaussagen in den Akten der Staatsanwaltschaft Essen, 29 Kls 1–65, Bde. I–III, insbesondere Bd. II; vgl. auch Kaul: Der Fall des Herschel Grynszpan, S. 121–175.
19 Goebbels Tagebücher aus den Jahren 1942–1943, Eintragung v. 14. 4. 1942, hrsg. von Louis P. Lochner, Zürich 1948, S. 159.
20 PA des AA, Sonderakten Krümmer 2/1, vgl. auch BA Koblenz, R 55, 628, Bl. 139.
21 Geheime Anlage zu R 5611, Aufzeichnung v. 27. 4. 1942, in: PA des AA, Sonderakten Krümmer 2/1.
22 Ebda.
23 Ebda.
24 Ebda.
25 Geheime Aufzeichnung Günthers v. 29. 4. 1942, in: ebda.
26 Aufzeichnung Günthers v. 7. 5. 1942, in: ebda.
27 Aufzeichnung Reichholds v . 9. 5. 1942, in: ebda.
28 Aufzeichnung Günthers v. 11. 5. 1942, in: ebda.
29 Geh. Telegramm, gez. Günther, v. 8. 5. 1942, in: ebda.
30 Hermann Möhring am 21. 1. 1966 an die 6. Gr. Strafkammer beim Landgericht Essen, in: Staatsanwaltschaft Essen, 29 Kls 1/65, Bd. IV.
31 Zitiert nach eidesstattlicher Versicherung Sendel Grynszpans v. 6. 10. 1957, abgegeben vor Rechtsanwalt Dr. Joel Adiv, Haifa, Kopie im Besitz des Verf.; vgl. auch Naujoks: Mein Leben im KZ Sachsenhausen, S. 223; schriftliche Mitteilung des Herrn Friedrich Börth, Hamburg, v. 10. u. 22. 11. 1987 an den Verf.
32 Eidesstattliche Versicherung (wie 31).
33 Todeserklärungs-Sache Grynszpan, Oberstaatsanwalt Hannover, Az. 18 Hs G 5/60 v. 16. 12. 1960.

Leiter Rundfunk

021

Reichsministerium
für Volksaufklärung und Propaganda

Berlin W 8, den 6. Januar 1942.

Geschäftszeichen: Rfk.

Auswärtiges Amt
R 59713/1942
eing. 20. JAN 1942
1 Anl. — Durchschl.

An

Herrn Geheimrat Dr. Günther
Auswärtiges Amt

in

Berlin.

Betrifft: Abschrift der vom Führer genehmigten Denkschrift in Sachen Grünspan.

Sehr geehrter Herr Geheimrat!

Ihrem Wunsche in der gestrigen Sitzung entsprechend überreiche ich Ihnen in der Anlage eine Abschrift meiner vom Führer genehmigten Denkschrift zu Ihrer gefl. Kenntnisnahme.

Heil Hitler!

Ihr

Abschrift 003

Reichsministerium für Volksaufklärung und Propaganda

F ü h r e r i n f o r m a t i o n

Betrifft: Propagandistische Möglichkeiten des Mordprozesses Grünspan.

Als Termin für die vom Führer angeordnete Aburteilung des Mörders G r ü n s p a n ist Mitte Januar 1942 vorgesehen. Der Mordprozess findet vor dem Volksgerichtshof in Berlin statt. Die Anklage geht auf Hochverrat in Verbindung mit Mord. Der Hergang der Tat und die Verantwortlichkeit des Mörders sind unbestritten. Die Todesstrafe ist auch gesetzlich möglich.

Der Mörder hat sich stets als Werkzeug des Weltjudentums gefühlt und bezeichnet. Er ist nach der Mordtat von führenden jüdischen Organisationen der ganzen Welt als Vorkämpfer gegen den Nationalsozialismus verherrlicht worden. Seine Tat ist vom Weltjudentum als bewusstes Fanal zum Kriege bezeichnet worden.

Der Prozess bietet daher die Möglichkeit, vor aller Welt die entscheidende Mitwirkung des Weltjudentums bei dem Ausbruch des jetzigen Krieges nachzuweisen. In sorgfältiger Kleinarbeit sind alle Argumente zusammengetragen worden, die die geistige Urheberschaft des Weltjudentums bei der Tat und seine Solidarität mit dem Mörder nach der Tat beweisen. Auch die französischen Zeugen der Mordtat sind zum grossen Teil noch vorhanden und bereit, wichtige Aussagen zu machen, z.B. der französische Untersuchungsrichter, der vor allem über die internationalen

- 2 - 004

Machenschaften bei der Voruntersuchung berichten kann. Als Hauptverteidiger für Grünspan in Paris war der bekannte Deutschenhetzer de Moro-Giafferri gewonnen, der auch in den Judenprozessen in Kairo, Chur, Basel und Bern eine bedeutsame Rolle gespielt hat.

Das gesamte Material in juristischer Hinsicht ist in dem Gutachten von Professor Grimm, das propagandistische Material in der Schrift "Anschlag gegen den Weltfrieden" zusammengefasst (Anlagen 1 und 2).

Auf der Anklagebank wird also neben Grünspan das Weltjudentum sitzen. Es sind nun weitere Möglichkeiten vorhanden, den Zeugenvernehmungen eine besondere politisch-propagandistische Bedeutung zu geben. Eine Prozessbeendigung, die lediglich die Person des Täters betrifft, würde im deutschen Volk die Frage nach dem Sinn eines solchen Verfahrens gegenüber einem jüdischen Mörder entstehen lassen.

Es kann der Leiter der Auslands-Organisation, Gauleiter Bohle, über die Verfolgungen der Auslandsdeutschen durch das Weltjudentum gehört werden. Es liegen Hunderte von unbestreitbaren Fällen vor, deren Bekanntgabe im deutschen Volke jede Mitleidsregung für die aus Deutschland jetzt auszuweisenden Juden ersticken würde. Ferner hat der französische Aussenminister Bonnet Niederschriften darüber angefertigt, in welchem Ausmasse vom Weltjudentum auf die französische Regierung im Jahre 1939 ein Druck zum Kriegseintritt ausgeübt worden ist. Er ist bereit, über diese Zusammenhänge vor dem Volksgerichtshof auszusagen. Ein Zusammenhang zwischen dem Grünspan-Prozess und der französi-

schen

340010

- 3 -

schen Aussenpolitik ist vor allem durch die jüdischen Demonstrationsversuche bei dem Besuch des Reichsaussenministers in Paris gegeben.

Die propagandistischen Vorbereitungen werden vom Reichspropagandaministerium im engsten Einvernehmen mit dem Reichsjustizministerium, dem Auswärtigen Amt, dem Volksgerichtshof und der Reichsanwaltschaft geführt. Das vom Reichsministerium für Volksaufklärung und Propaganda zusammengetragene Material wird in der Anklage verarbeitet.

Ist der Führer mit einer Vernehmung des Gauleiters Bohle und des ehemaligen französischen Aussenministers Bonnet einverstanden?

Der
ist schuld
am Kriege!

Hinter den
Feindmächten:
der Jude

002

Telegramm (G-Schreiber)

Sonderzug,den 5.4.42 21.05 Uhr
Ankunft den 5.4.42 21.45 Uhr

Nr. 378 vom 5.4.42

1.) Telko
2.) Über Ministerbüro

Für Staatssekretär von Weizsäcker.

Der Herr Reichsaussenminister hat heute auf Grund Ihrer Aufzeichnung vom 2.April 1942 in Sachen Grünspan-Prozess entschieden,dass die= ser Prozess seitens des Auswärtigen Amtes die grösste Aufmerksamkeit geschenkt werden soll. Er bemerkte dazu folgendes :

Der Mordanschlag gegen Gesandtschaftsrat vom Rath steht in eindeutigem Zusammenhang mit der Reise des Herrn Reichsaussenministers zu den Besprechungen in Paris am 6.Dezember 1938 und sollte die in München eingeleitete Politik der deutsch-französischen Zusammenarbeit sabotieren. Über diese unmittelbare Absicht hinaus enthüllt die Grünspan'sche Mordtat den grundsätzlichen Plan des internationalen Judentumes,die Welt in einen Krieg mit dem nationalsozialistischen Deutschland zu treiben und Gesandtschaftsrat vom Rath ist so als das erste Todesopfer dieses Krieges zu betrachten.

Der Grünspan-Prozess hat infolgedessen so= wohl für die Propaganda innerhalb des deutschen Volkes wie auslandspropagandistisch und aussen= politisch eine sehr grosse Bedeutung.Der Herr

Reichsaussenminister

Kornhalen. Günther)

340436

003

- II -

Reichsaussenminister bittet Sie daher, Herrn Staatssekretär Gutterer mitzuteilen, dass er die Tätigkeit des gemeinsamen Gremiums des Propagandaministeriums und des Auswärtigen Amtes begrüsse, welches teils die innenpolitischen propagandistischen teils die aussenpolitischen und auslandspropagandistischen Gesichtspunkte in der Vorbereitung und im Verlauf des Prozesses zur Geltung bringt. Der vorgeschlagenen Erweiterung der Vertretung des Auswärtigen Amtes in diesem schon seit einigen Monaten bestehenden Gremium durch Entsendung Gesandten Krümmers stimmt der Herr Reichsaussenminister zu.

Mit der zusammenfassenden Bearbeitung der aussenpolitischen und auslandspropagandistischen Gesichtspunkte dieses Prozesses hat der Herr Reichsaussenminister Botschafter Abetz in Zusammenarbeit mit Professor Grimm beauftragt.

Rintelen.

340437

Gen.: Ges. Krimmer

Aufzeichnung.

Ministerialrat Diewerge trug heute in meiner Gegenwart Herrn Reichsminister Goebbels das Ergebnis der Besprechung vor, die heute früh in Durchführung der Anordnung des Herrn Reichsaußenministers beim Präsidenten des Volksgerichtshofes stattgefunden hat, und über die eine gesonderte Aufzeichnung von Herrn VLR Günther vorgelegt wird.

Reichsminister Goebbels erklärte, daß er größte Zweifel habe, ob eine Durchführung des Prozesses tatsächlich zweckmäßig sei. Nachdem er von der Absicht des Mörders Kenntnis erhalten habe, die angeblichen unerlaubten Beziehungen zum Ermordeten zur Sprache zu bringen, bestehe die Gefahr, daß der Angeklagte im Prozeß jede Aussage verweigere und sich nur auf eine ganz kurze Erklärung beschränke, mit der er auf diesen angeblichen Tatbestand hinweise. Reichsminister Goebbels meinte, daß eine solche durchaus mögliche Haltung des Angeklagten in der ganzen Welt den größten Widerhall auslösen würde und nicht verwischt werden könne, selbst wenn die ganze Fülle von politischen, tatsächlichen und menschlichen Argumenten, die diese Behauptung widerlegten, in dem Prozeß vor aller Welt zur Sprache gebracht werden würden.

Auf Veranlassung von Reichsminister Goebbels wird Reichsleiter Bormann diese Bedenken dem Führer nochmals vortragen.

Verteiler:
Herrn Botschafter Abetz
Herrn Professor Grimm
Herrn VLR Günther
Herrn Min.Rat Diewerge

Hiermit

– über Herrn U.St.S. Luther – 17/4

Herrn Staatssekretär von Weiszäcker

vorzulegen.

Berlin, den 16. April 1942

Rintelen

340154

Gesandter Krümmer

Aufzeichnung

Am 12. Mai erhielt ich von Herrn U.St.S. Luther die Weisung, mich sofort mit Reichsminister Dr. Goebbels in folgender Angelegenheit in Verbindung zu setzen:

Der Führer habe Reichsminister Lammers beauftragt, den Herrn Reichsaußenminister zu einer Stellungnahme zu der Frage aufzufordern, ob er die Durchführung des Grünspan-Prozesses zum jetzigen Zeitpunkt für zweckmäßig halte. Der Herr Reichsaußenminister stehe auf dem Standpunkt, daß der jetzige Zeitpunkt nicht günstig sei, weil erstens das Volk nicht recht verstehen würde, warum man einen so großen Prozeß wegen eines einzelnen Mordes mache, während gleichzeitig hunderte von Deutschen an der Front fallen und weil zweitens nach Beginn der größeren Kampfhandlungen im Osten das Interesse der Weltöffentlichkeit für den Prozeß nicht groß genug sei. Hinzu komme, daß ein Auftreten des früheren französischen Ministers Bonnet im Prozeß oder auch nur seine indirekte Mitwirkung durch Verlesung seiner Aussage außenpolitisch zurzeit nicht erwünscht sei. Aus allen diesen Gründen halte er eine Verlegung auf den Herbst für zweckmäßig. Diese Stellungnahme wolle er dem Führer jedoch nicht mitteilen, ohne sich mit dem Herrn Reichspropagandaminister hierüber verständigt zu haben.

Ich habe die Stellungnahme Herrn Reichsminister Goebbels übermittelt, der mir umgehend antwortete, daß er die Auffassung des Herrn Reichsaußenministers völlig teile; darüber hinaus sei ihm eine Verlegung auch im Hinblick auf den von Grünspan anscheinend beabsichtigten Hinweis auf seine unerlaubten Beziehungen zu dem Ermordeten erwünscht.

Diese Antwort ist dem Herrn Reichsaußenminister umgehend mitgeteilt worden.

Berlin, den 13. Mai 1942

340267

Der Reichsminister der Justiz 78

Führerinformation

1942 Nr. 60

Der Jude Grynszpan hat in einer geschlüsselten Niederschrift zugegeben, daß seine Behauptung gleichgeschlechtlicher Beziehungen zu vom Rath unrichtig ist. Er deutet jedoch den Verdacht an, daß der Ermordete zu Anderen gleichgeschlechtliche Beziehungen gehabt habe.

In diesem Zusammenhang ist von Interesse, daß ein Bruder des ermordeten vom Rath, Oberleutnant und Chef einer Reiterschwadron, vom Feld-Kriegsgericht der Division z. b. V. 428 wegen Unzucht mit Männern zu 1 Jahr Gefängnis und zum Rangverlust verurteilt worden ist.

Berlin, den 3. Juli 1942

Mit der Führung der Geschäfte beauftragt

Zweitschrift Nr. 3

Zusammenfassung

Die in den fünfziger Jahren erschienenen Publikationen zur »Reichskristallnacht« prägten bis in die Gegenwart die Vorstellungen von den Judenpogromen im Jahre 1938. Demnach habe der siebzehnjährige deutsch-polnische Jude Herschel Grynszpan am 7. November 1938 ein Attentat auf den Botschafter des Deutschen Reiches in Paris verüben wollen, um die Weltöffentlichkeit auf die Massendeportation polnischer Juden aus dem Reichsgebiet hinzuweisen und Rache zu nehmen an einem Repräsentanten des Dritten Reiches wegen des leidvollen Schicksals seiner Angehörigen. Opfer des Anschlags sei zufällig der Legationssekretär Ernst vom Rath geworden, der dann am 9. November 1938 den Verletzungen erlegen ist. Führende Nationalsozialisten hätten daraufhin über Nacht die Pogrome inszeniert, die von der nichtjüdischen Bevölkerung in Deutschland und Österreich ohnmächtig hingenommen worden seien.

Obwohl mittlerweile durch Einzeluntersuchungen und regionalgeschichtliche Studien einige Korrekturen an diesem weit verbreiteten Bild vorgenommen worden sind, blieb es doch in den Grundlinien bestehen. Dem Bedürfnis nach Aufklärung über die Hintergründe der Novemberpogrome von 1938 schien durch die frühen Publikationen hinreichend und langfristig Genüge getan.

Die herkömmlichen Vorstellungen von der »Reichskristallnacht«, ihren Hintergründen und Folgen werden der historischen Wirklichkeit nicht gerecht. Angeblich gesicherte Erkenntnisse sind in den Bereich der Propaganda oder der Legendenbildung zu verweisen. Systematische Aktenstudien und neu erschlossene Bestände in den

Zentralarchiven Deutschlands lieferten im wesentlichen folgende Befunde:

1. Der antijüdische Aktionismus der nationalsozialistischen Parteibasis und ihrer Klientel unter Einzelhändlern und Gewerbetreibenden beschränkte sich nicht auf den 9. und 10. November 1938. Synagogenschändungen und Pogrome sind bereits im Frühjahr 1933 nachweisbar, sodann 1935 und zunehmend seit 1937. Das »Aufrollen der Judenfrage von unten« durch Mobilisierung des »Volkszorns«, der sich in Ausschreitungen ergehe, erschien diesen Kreisen und ebenso dem Sicherheitsdienst der SS als probates Mittel zur Entfernung der Juden aus der Wirtschaft, das heißt zu ihrer existentiellen Vernichtung, nachdem deren öffentlich-rechtliche Stellung bereits zwischen 1933 (»Gesetz zur Wiederherstellung des Berufsbeamtentums«) und 1935 (»Nürnberger Gesetze«) zunehmend eingeschränkt worden war.

Die Novemberpogrome des Jahres 1938 markieren eine unübersehbare Verschärfung, sind aber im Kontinuum der nationalsozialistischen Judenpolitik eine konsequente Fortsetzung des eingeschlagenen Kurses. Die NS-Machthaber bedienten sich der Pogrome, um den antisemitischen Druck ihrer Basis zu ventilieren und zu kanalisieren. Gleichzeitig benutzten sie das Attentat in Paris als willkommenen Vorwand, durch eine Vielzahl administrativer Maßnahmen den Lebensraum der Juden so einzuengen, daß deren noch verbliebene wirtschaftliche und kulturelle Selbständigkeit zum Erliegen kam.

Den reichsweiten Pogromen in der Nacht vom 9. zum 10. November 1938 gingen bereits am 7. und 8. November pogromähnliche Aktionen in Hessen und Magdeburg-Anhalt voraus. Und obwohl die Reichspropagandaleitung am 10. November die Bevölkerung aufforderte, von »allen weiteren Demonstrationen und Aktionen gegen das Judentum« abzusehen, setzten viele Nationalsozialisten und der in ihrem Gefolge marodierende Mob die Pogrome fort. Sie nutzten die Ausnahmesituation zur persönlichen Bereicherung, zur Demonstration ihrer vermeintlichen Überlegenheit und zum Austoben sinnloser Gewalt.

Der antijüdische Aktionismus der nationalsozialistischen Parteibasis war offensichtlich außer Kontrolle geraten und kaum noch zu zügeln. In Wien wurden Stimmen laut, die bedauerten, daß die Pogrome am 10. November eingestellt werden sollten, »denn der heutige Tag sei *die* Gelegenheit, um mit dem Wiener Judenproblem radikal aufzuräumen«.

Im Gegensatz zu früheren Auffassungen erscheinen die Pogrome von 1938 mithin weniger als Zäsur denn als neue, radikale Gangart auf dem Wege zur existentiellen Vernichtung der Juden im Deutschen Reich. Weite Kreise der Bevölkerung begrüßten oder tolerierten diese Politik.

2. Für die These, daß Herschel Grynszpan ursprünglich den Botschafter Graf Welczeck aufsuchen und ermorden wollte, dann aber an den Legationssekretär vom Rath verwiesen worden sei, fand sich kein dokumentarischer Nachweis. Aus den authentischen Berichten des Botschafters und seines Vertreters an das Auswärtige Amt geht unzweifelhaft hervor, daß Grynszpan einen »Legationssekretär« sprechen wollte und dann ohne die übliche schriftliche Anmeldung von diesem empfangen worden ist. Verschiedene Zeugnisse deuten darauf hin, daß Grynszpan dem Legationssekretär vom Rath aus dem homosexuellen Milieu in Paris bekannt war.

Dem Attentat lagen neben politischen auch persönliche Motive zugrunde. Herschel Grynszpan, der sich illegal und ohne regelmäßige Einkünfte in Paris aufhielt, soll, verschiedenen Zeitzeugenberichten zufolge, versucht haben, Geld und gültige Reisedokumente von vom Rath zu erpressen, um Frankreich legal zu verlassen und seinen Eltern helfen zu können. Als der Erpressungsversuch scheiterte, habe Grynszpan das Attentat verübt.

3. Nachdem Herschel Grynszpan im Juli 1940 auf völkerrechtswidriges Verlangen des AA von der französischen Justiz ausgeliefert worden war, bereiteten Propagandaministerium, Auswärtiges Amt und Reichsjustizministerium einen groß angelegten Schauprozeß vor. Schon bei dessen Vorbereitung wurde Grynszpan als »Werkzeug des Weltjudentums« hingestellt, dessen Tat ein »bewußtes Fanal zum Kriege« gegen das nationalsozialistische Deutschland gewesen sei. Der Prozeß verfolgte insbesondere den Zweck, »vor aller Welt die entscheidende Mitwirkung des Weltjudentums bei

dem Ausbruch des jetzigen Krieges nachzuweisen«. Darüber hinaus sollte der für Anfang 1942 angesetzte Prozeß von den Judendeportationen ablenken und potentielle »Mitleidsregungen« in der deutschen Bevölkerung neutralisieren. Die Anklage lautete auf Hochverrat in Verbindung mit Mord.

Trotz detaillierter Absprachen zur Steuerung der Hauptverhandlung kam es nicht zur Prozeßeröffnung, da Herschel Grynszpan mit dem Hinweis auf homosexuelle Hintergründe des Attentats vom 7. November 1938 alle Prozeßstrategien durchkreuzte.

Um den Prozeß dennoch durchzuführen und gleichzeitig von der homosexuellen Verstrickung des tatsächlichen Opfers abzulenken, wurde der ehemalige Botschafter in Paris, Graf Welczeck, im Frühjahr 1942 ausersehen, die Rolle des vermeintlichen Opfers zu übernehmen. Graf Welczeck eignete sich dafür um so mehr, als er der höchste Repräsentant des Dritten Reiches in Frankreich war. Das Attentat oder auch nur der Versuch eines Attentats auf seine Person hätte den Abschluß des Prozesses gegen Grynszpan und das angeblich hinter diesem stehende »Weltjudentum« besonders gerechtfertigt.

Trotz wiederholter Aufforderungen durch die Rechtsabteilung des AA, die gewünschte »Zeugenaussage« vorzulegen, schwieg Graf Welczeck. Jedenfalls ist keine Aussage des Botschafters Welczeck aus der Zeit zwischen 1942 und 1945 überliefert.

Wie sehr das Auswärtige Amt bemüht war, die homosexuellen Hintergründe des Attentats vom 7. November 1938 zu verschleiern und diesbezügliche Aussagen Grynszpans zu erschüttern, offenbaren auch fingierte Aufzeichnungen und rechtswidrige Schweigeverpflichtungen.

Als die nationalsozialistischen Machthaber im Sommer 1942 befürchten mußten, daß Grynszpan im Laufe der Hauptverhandlung vor aller Öffentlichkeit auf die »unerlaubten Beziehungen« zum ermordeten Diplomaten vom Rath eingehen und überdies die Zulässigkeit der deutschen Gerichtsbarkeit in Zweifel ziehen könnte, wurden die Prozeßvorbereitungen zunächst verschoben und schließlich ohne formellen Beschluß eingestellt.

Das weitere Schicksal Herschel Grynszpans war bislang umstritten. Für die verbreitete These, daß er den Zweiten Weltkrieg überlebt habe und dann mit falschem Namen in Paris untergetaucht sei, fanden sich keine glaubwürdigen Nachweise. Neue Quellenfunde weisen vielmehr darauf hin, daß Grynszpan im Konzentrationslager Sachsenhausen ermordet worden ist. Sein Vater ließ ihn durch Beschluß des Amtsgerichts Hannover vom 14. Juni 1960 mit Wirkung vom 8. Mai 1945 für tot erklären.

4. Nutznießer der Novemberpogrome von 1938 waren neben den »arischen« Betrieben und Unternehmen, die sich rücksichtslos jüdisches Vermögen aneigneten, vornehmlich Göring, der Beauftragte für den Vierjahresplan, und Heydrich, der Chef der Sicherheitspolizei und des SD. Göring, der von Hitler mit der Koordination aller antijüdischen Maßnahmen betraut wurde, übertrug Heydrich die entscheidenden Befugnisse. Deren Unterschriften finden sich seit 1939 unter den wichtigsten Vorgängen zur »Endlösung der Judenfrage«, das heißt zur Vernichtung der Juden in Europa.

Anhang

Dr. Hertha Nathorff
30 West 70th St.
New York, NY 10023

Herrn Dr. Doescher
Stein Str. 14
4404 Telgte
FRG

22.12.88

Sehr geehrter Herr Dr. Doescher,

Es ist eine wehmuetige Freude fuer mich dass Sie mir guetiger Weise das Buch "Die Kristallnacht" gesandt haben, und ich danke Ihnen sehr herzlich dafuer. Es ist eine erschuetternde Wiedergabe all dessen was so viele Schicksalsgenossen erlebt, erduldet haben. Auch ich gehoere dazu. Es hat mich umso schwerer getroffen weil ich so ur-deutsch erzogen wurde, und mich immer nur als Deutsche gefuehlt habe, mit fast einem unglaublichen lokal-patriotismus. Dazu kam das mein Mann wohl auch juedische Tropfen im Blute hatte, aber stets voll christlich, protestantisch und frei-religioes erzogen gelebt hat. Umso schmerzhafter war das Erwachen und der fast kindliche Glaube dass der Mensch doch gut sei.
Wir haben immer weiter an das Gute geglaubt und ich tue es weiter, habe die Verbindung mit den deutschen Freunden stets aufrecht erhalten und stehe mit ihnen und zumal mit meinen alten Patienten in regelmaessiger, brieflicher Verbindung.
Ich habe diese gerade in diesem fuer mich tief schmerzenden Jahr empfunden, ein Herzschlag hat mir innerhalb weniger Stunden meinen Sohn entrissen. Nun bin ich die einzig Ueberlebende aus einer einst grossen Einstein-linie und von meines Mannes Seite die Letzte der von Hoffmannstal-Nathorff. So werden Sie verstehen das erstmals kein Weihnachtsbaum in meinem Zimmer steht. Die Lichter sind erloschen. Ich hoffe aber und wuensche dass Sie gute Weihnachten und ein glueckliches Neues Jahr haben werden, mit neuem, weiterem Bucherfolg.

Mit allerbesten Gruessen,

Ihre Hertha Nathorff

Verzeichnis der Abkürzungen

AA	Auswärtiges Amt
Abt. D	Abteilung Deutschland (des AA)
ADAP	Akten zur Deutschen Auswärtigen Politik
AO	Auslandsorganisation (der NSDAP)
APA	Außenpolitisches Amt (der NSDAP)
BA	Bundesarchiv (Koblenz)
BDC	Berlin Document Center
Brif.	Brigadeführer
DAL	Dienstaltersliste (der SS)
Diss.	Dissertation
DNVP	Deutschnationale Volkspartei
DVP	Deutsche Volkspartei
FS	Fernschreiben
Ges.	Gesandter
Gestapa	Geheimes Staatspolizeiamt
Gestapo	Geheime Staatspolizei
gez.	gezeichnet
GK	Generalkonsul
GR	Gesandtschaftsrat
g. Rs.	Geheime Reichssache
Gruf.	Gruppenführer
GStA	Geheimes Staatsarchiv
GVPl.	Geschäftsverteilungsplan
H.	Heft
Hago	Handwerks-, Handels- und Gewerbeorganisation

HJ	Hitlerjugend
Hptm.	Hauptmann
HSSPF	Höherer SS- und Polizeiführer
Hstuf.	Hauptsturmführer
HZ	Historische Zeitschrift
IfZ	Institut für Zeitgeschichte (München)
IMT	Internationales Militärtribunal (Nürnberg)
K	Konsul
KL	Konzentrationslager
LR (I. Kl.)	Legationsrat (I. Klasse)
LS	Legationssekretär
Lt. (d. R.)	Leutnant (der Reserve)
MBD	Ministerialbürodirektor
MdR	Mitglied des Reichstages
MinDir	Ministerialdirektor
NA	National Archives (Washington)
NL	Nachlaß
NSDStB	Nationalsozialistischer Deutscher Studentenbund
O.	Ordner
OA	Oberabschnitt
Oberf.	Oberführer
Ogruf.	Obergruppenführer
OKH	Oberkommando des Heeres
o. O. u. J.	ohne Ort und Jahr
Orpo	Ordnungspolizei
Ostubaf.	Obersturmbannführer
Ostuf.	Obersturmführer
PA	Politisches Archiv (des AA, Bonn)
Pg.	Parteigenosse
PK	Parteikanzlei
Pol IV	Politische Abteilung des AA, Referat IV
RA	Rechtsanwalt
RAM	Reichsaußenminister
Ref. D	Referat Deutschland (des AA)
RFSSuChDtPol	Reichsführer-SS und Chef der Deutschen Polizei
RGBl.	Reichsgesetzblatt

RSHA	Reichssicherheitshauptamt
RuSHA	Rasse- und Siedlungshauptamt
SA	Sturmabteilung
SD	Sicherheitsdienst
Sipo	Sicherheitspolizei
SS	Schutzstaffel
StA	Staatsarchiv
Staf.	Standartenführer
Stapo	Staatspolizei
StS	Staatssekretär
UStS	Unterstaatssekretär
Ustuf.	Untersturmführer
VAA	Vertreter des Auswärtigen Amtes
VB	Völkischer Beobachter
VfZ	Vierteljahrshefte für Zeitgeschichte
VK	Vizekonsul
VLR	Vortragender Legationsrat
WHA	Wissenschaftlicher Hilfsarbeiter
z. b. V.	zur besonderen Verwendung
z. D.	zur Disposition
ZS	Zeugenschrifttum
ZStA	Zentrales Staatsarchiv (Potsdam)

Chronologie zur Judenverfolgung im Dritten Reich

1933

1\. 4. »Judenboykott« in ganz Deutschland

7\. 4. Gesetz zur Wiederherstellung des Berufsbeamtentums

14\. 7. Gesetz über den Widerruf von Einbürgerungen und die Aberkennung der deutschen Staatsangehörigkeit (in erster Linie gegen die nach 1918 eingebürgerten Juden aus den früheren deutschen Ostgebieten gerichtet)

1935

15\. 9. Reichsbürgergesetz

15\. 9. Gesetz zum Schutze des deutschen Blutes und der deutschen Ehre

14\. 11. 1. Verordnung zum Reichsbürgergesetz (Aberkennung des Wahlrechts und der öffentlichen Ämter; Entlassung aller jüdischen Beamten einschließlich aller Frontkämpfer, Definition des Mischlingsstatus)

14\. 11. 1. Verordnung zum Gesetz zum Schutze des deutschen Blutes und der deutschen Ehre (Verbot von Eheschließungen zwischen Juden und Mischlingen II. Grades)

1937

12\. 6. Geheimerlaß Heydrichs betr. Schutzhaft für Rassenschänder nach Abschluß des ordentlichen Gerichtsverfahrens

1938

28. 3.	Gesetz über die Rechtsverhältnisse der jüdischen Kultusvereinigungen (jüdische Kultusvereinigungen sind nicht mehr Körperschaften des öffentlichen Rechts, sondern rechtsfähige Vereine)
26. 4.	Verordnung über die Anmeldung aller jüdischen Vermögen über 5 000 RM
Juni	Anlegung von Listen vermögender Juden bei Finanzämtern und Polizeirevieren
9. 6.	Zerstörung einer Münchener Synagoge
14. 6.	3. Verordnung zum Reichsbürgergesetz (Registrierung und Kennzeichnung jüdischer Gewerbebetriebe)
15. 6.	»Juni-Aktion«, Verhaftung von ca. 1 500 Juden und Überweisung in Konzentrationslager
25. 7.	4. Verordnung zum Reichsbürgergesetz (Streichung der Approbation aller jüdischen Ärzte, weitere Tätigkeit in Ausnahmefällen nur für Juden als »Krankenbehandler«)
10. 8.	Zerstörung der Nürnberger Synagoge
17. 8.	2. Verordnung zur Durchführung des Gesetzes über die Änderung von Familiennamen und Vornamen (ab. 1. 1. 1939 müssen Juden den Zwangsnamen »Israel« bzw. »Sara« führen)
27. 9.	5. Verordnung zum Reichsbürgergesetz (Streichung der Zulassung aller jüdischen Rechtsanwälte; weitere Tätigkeit in Ausnahmefällen nur für Juden als »Jüdische Konsulenten«)
5. 10.	Verordnung über Reisepässe (Einziehung der Reisepässe; Neuausgabe erschwert und mit einem »J« versehen)
28. 10.	Ausweisung von 12 000–17 000 in Deutschland wohnenden polnischen Juden
7. 11.	Attentat Grynszpans auf den Legationssekretär vom Rath in Paris
9./10.11.	Pogrom (»Kristallnacht«) in ganz Deutschland; Zerstörung von Synagogen, Geschäften, Wohnhäusern; Verhaftung von über 26 000 männlichen Juden

12.11. Verordnung über Sühneleistung der deutschen Juden in Höhe von 1 Milliarde RM

12.11. Verordnung zur Ausschaltung der Juden aus dem deutschen Wirtschaftsleben (Schließung aller jüdischen Geschäfte usw.)

12.11. Verordnung zur Wiederherstellung des Straßenbildes bei jüdischen Gewerbetreibenden (Juden haben alle am 9. und 10.11. angerichteten Schäden selbst zu bezahlen)

12.11. Verbot des Besuchs von Theatern, Lichtspielhäusern, Konzerten usw. für Juden

28.11. Polizeiverordnung über das Auftreten der Juden in der Öffentlichkeit (Einschränkung der Bewegungsfreiheit usw.)

3.12. Einziehung der Führerscheine; Schaffung eines »Judenbanns« in Berlin

1939

17. 1. 8. Verordnung zum Reichsbürgergesetz (Erlöschen der Zulassung von jüdischen Zahn- und Tierärzten, Apothekern)

24. 1. Gründung der Reichszentrale für jüdische Auswanderung (Zentralämter in Wien und Prag)

15. 3. Besetzung der Tschechoslowakei (Einführung der im Reichsgebiet geltenden antijüdischen Verordnungen)

30. 4. Gesetz über Mietverhältnisse mit Juden (Gesetzliche Vorbereitung zur Zusammenlegung jüdischer Familien in »Judenhäusern«; Aufhebung des Räumungsschutzes usw.)

4. 7. 10. Verordnung zum Reichsbürgergesetz (Schaffung der Reichsvereinigung der Juden in Deutschland)

1. 9. Ausgangsbeschränkungen für Juden (im Sommer Sperre ab 21.00 Uhr, im Winter ab 20.00 Uhr)

21. 9. Richtlinien Heydrichs für die Einsatzgruppen in Polen (Ghettoisierung)

23. 9. Beschlagnahme der Rundfunkgeräte bei Juden

27. 9. Bildung des Reichssicherheitshauptamtes (RSHA)

12.10. Erste Deportierungen aus Österreich und dem »Protektorat« nach Polen

23. 11.	Einführung der Kennzeichnungspflicht für Juden im ganzen Generalgouvernement
	1940
12./13. 2.	Deportation der Stettiner Juden nach Polen (Lublin)
20. 4.	Geheimerlaß des Oberkommandos der Wehrmacht (Entlassung der Mischlinge und Ehemänner von Jüdinnen)
30. 4.	Erstes bewachtes Ghetto in Lodz errichtet
22. 10.	Deportation der Juden aus Elsaß-Lothringen, Saarland, Baden
	1941
22./23. 1.	Erstes Judenmassaker in Rumänien
Juni/August	Zahlreiche Pogrome in den besetzten Gebieten der UdSSR
31. 7.	Heydrich von Göring mit der Evakuierung aller europäischen Juden beauftragt
1. 9.	Polizeiverordnung über die Kennzeichnung der Juden (Einführung des Judensterns im Reich ab 19. 9. 1941)
28./29. 9.	Massenmorde in Kiew
14. 10.	Erste Deportationsbefehle für Juden aus dem Altreich
23. 10.	Emigrationsverbot
Okt./Nov.	Grausame Judenvernichtungen in ganz Südrußland
25. 11.	11. Verordnung zum Reichsbürgergesetz (Einziehung jüdischen Vermögens bei Deportation)
Ende Dez.	Beginn der Massenvernichtung in Chelmno
	1942
20. 1.	Wannsee-Besprechung über die Deportation und Ausrottung des europäischen Judentums (»Endlösung«)
6. 3.	1. Sterilisationskonferenz
17. 3.	Errichtung des Vernichtungslagers Belzec

März	Beginn der Aktion »Reinhard«
26. 3.	Bekanntmachung über die Kennzeichnung jüdischer Wohnungen im Reich
Ende März	Eintreffen der ersten europäischen Judentransporte in Auschwitz
24. 4.	Anordnung über die Benutzung öffentlicher Verkehrsmittel im Reich (Verbot der Benutzung durch Juden)
Mai	Errichtung des Vernichtungslagers Sobibor
Juni	Beginn der Massenvergasungen in Auschwitz
2. 6.	Beginn der Deportation deutscher Juden nach Theresienstadt
30. 6.	Schließung der jüdischen Schulen im Reich
Juli	Errichtung des Vernichtungslagers Treblinka
Oktober	Im Reichsgebiet befindliche Konzentrationslager werden »judenfrei« gemacht und die jüdischen Häftlinge vornehmlich nach Auschwitz gebracht
27. 10.	2. Sterilisationskonferenz
	1943
27. 2.	Deportation der in der Berliner Rüstungswirtschaft beschäftigten deutschen Juden
April/Mai	Aufstand im Warschauer Ghetto
1. 7.	13. Verordnung zum Reichsbürgergesetz (Unterstellung der Juden im Reich unter Polizeirecht)
Aug./Dez.	Liquidierung der polnischen und russischen Ghettos
	1944
April/Juni	Massendeportationen aus Südosteuropa (Griechenland, Ungarn) nach Auschwitz
Herbst	Beginn der Rückführung von Häftlingen vor den heranrückenden alliierten Armeen in das Reich
Ende Okt.	Letzte Vergasungen in Auschwitz
26. 11.	Zerstörung der Auschwitzer Krematorien

Quellenverzeichnis

I. Ungedruckte Quellen

Bundesarchiv (BA)

NS 6	Partei-Kanzlei
NS 18	Reichspropagandaleitung der NSDAP
NS 23	Oberste SA-Führung
NS 36	Oberstes Parteigericht der NSDAP
R 43	I u. II Reichskanzlei
R 55	Reichsministerium für Volksaufklärung und Propaganda
R 58	Reichssicherheitshauptamt
R 901	Auswärtiges Amt
R 1501	Reichsministerium des Innern
R 3001	Reichsministerium der Justiz
R 3017	Oberreichsanwalt beim Volksgerichtshof
Z 38	Oberster Gerichtshof für die Britische Zone und Staatsanwaltschaft bei dem Obersten Gerichtshof in Köln
ZSg. 2	Allgemeine Drucksachen Sammlung
ZSg. 101	Sammlung Brammer zur Pressepolitik des Dritten Reiches
ZSg. 102	Sammlung Sänger zur Pressepolitik des NS-Staates
ZSg. 110	Sammlung Traub zur Pressepolitik des Dritten Reiches
ZSg. 116	Pressedienst-Sammlung Deutsches Nachrichtenbüro

ZSg. 117	Hauptarchiv der NSDAP
ZSg. 118	Presseausschnitt-Sammlung Reichspropagandaleiter der NSDAP
NL 118	Joseph Goebbels
NL 120	Friedrich Grimm
NL 263	Kurt Rheindorf

Konkordanzen zu den Archivsignaturen im Bundesarchiv (BA)

alt:		neu:	
NS 6	Parteiverlautbarungen	NS 6	Partei-Kanzlei
NS 23	SA	NS 23	Oberste SA-Führung
R18	Reichsministerium des Innern	R 1501	Reichsministerium des Innern
R 22	Reichsministerium der Justiz	R 3001	Reichsministerium der Justiz
R 60 II	Volksgerichtshof	R 3017	Oberreichsanwalt beim VGH
Zentrales Staatsarchiv Potsdam		Bundesarchiv	
09.01	Auswärtiges Amt	R 901	Auswärtiges Amt
50.01	Reichsministerium für Volksaufklärung und Propaganda	R 55	Reichsministerium für Volksaufklärung und Propaganda

Bundesarchiv-Militärarchiv Freiburg

Auskunft betr. Gustav vom Rath

Bundesarchiv-Zentralnachweisstelle Aachen

Auskunft betr. Ministerialrat Fenner

National Archives (NA) Washington

PS 1816 und 3051

Politisches Archiv (PA) des AA

Inland II A/B
Pol V 348
Rechtsabteilung, Strafrecht, 21
Sonderreferat Krümmer
Unterstaatssekretär Pol., 126
Rep. IV, Personalia, Nr. 503, Ernst Eduard vom Rath

Staatsarchiv (StA) Nürnberg

KV-Anklage, Nr. 179, 1838, 3064, 3973

Staatsarchiv (StA) Würzburg

Gestapostelle Würzburg, 18866

Staatsanwaltschaft Essen

Akten des Verfahrens gegen Wolfgang Diewerge, Az. 29 Kls 1–65

Schriftliche oder mündliche Auskünfte gaben

Inge Deutschkron, Tel Aviv
Friedrich Börth (†), Hamburg
Dr. Werner Best (†), Erkrath
Dr. Anton Böhm (†), Wien
Dr. Hans-Otto Meissner (†), München
Dr. Hertha Nathorff (†), New York

II. Gedruckte Quellen

Veröffentlichungen aus der Zeit bis 1945

Adreßbücher der Stadt Berlin, 1935–1938

Der Bund (Bern), November 1938

Diewerge, Wolfgang: Anschlag gegen den Frieden. Ein Gelbbuch über Grünspan und seine Helfershelfer, München 1939

Basler Nachrichten, Jg. 1938

Grau, Wilhelm: Die Judenfrage in der deutschen Geschichte, Leipzig u. Berlin 1937

Eichler, Max: Du bist sofort im Bilde. Lebendig-anschauliches Reichsbürger-Handbuch, Erfurt 1938

Die Lage der Juden in Deutschland 1933, hrsg. vom Comité des Délégations Juives, Paris 1934 (wiederaufgelegt Frankfurt/M.–Berlin–Wien 1983)

Neue Zürcher Zeitung, Jahrgänge 1933, 1935, 1937 und 1938

Nun erst recht: Juden raus! Berlin (1941/42)

Reichsgesetzblatt, November 1938, Teil I

Das Schwarze Korps, Organ der Reichsführung SS, Jg. 1938

Völkischer Beobachter, Norddeutsche Ausgabe, November 1938

Nach 1945 publizierte Dokumente und Dokumentensammlungen

Akten zur Deutschen Auswärtigen Politik, Serie D, Bd. IV

Bayern in der NS-Zeit. Soziale Lage und politisches Verhalten der Bevölkerung im Spiegel vertraulicher Berichte, hrsg. von Martin Broszat, Elke Fröhlich, Falk Wiesemann, München–Wien 1977

Deutschland-Berichte der Sozialdemokratischen Partei Deutschlands (Sopade) 1934–1940, Frankfurt a. M. 1980

Domarus, Max (Hrsg.): Hitler, Reden und Proklamationen 1932–1945. Kommentiert von einem deutschen Zeitgenossen, 2 Bde., Wiesbaden 1973

Jacobsen, Hans-Adolf/Jochmann, Werner (Hrsg.): Ausgewählte Dokumente zur Geschichte des Nationalsozialismus 1933–1945, Bielefeld 1961–1966

Materialien zum 40. Jahrestag der Synagogenzerstörungen in Hessen, hrsg. von der Jüdischen Gemeinde Frankfurt am Main und dem Landesverband Jüdischer Gemeinden in Hessen, Frankfurt a. M. 1978

Meldungen aus dem Reich 1938–1945. Die geheimen Lageberichte des Sicherheitsdienstes der SS, hrsg. von Heinz Boberach, 17 Bde., Herrsching 1984

»Die Kristall-Nacht«. Documentarische Sammlung, hrsg. von T. Friedmann, Haifa 1972

Der Prozeß gegen die Hauptkriegsverbrecher vor dem Internationalen Militärgerichtshof, 42 Bde., Nürnberg 1947–1949

»Reichskristallnacht« in Hannover. Eine Ausstellung zur 40. Wiederkehr des 9. November 1938, Historisches Museum am Hohen Ufer, Hannover 1978

Sauer, Paul (Hrsg.): Dokumente über die Verfolgung der jüdischen Bürger in Baden-Württemberg durch das nationalsozialistische Regime 1933–1945, 2. Teil, Stuttgart 1966

Scheffler, Wolfgang: Ausgewählte Dokumente zur Geschichte des Novemberpogroms 1938, in: Aus Politik und Zeitgeschichte, B 44/78 v. 4. November 1978

Memoiren und Tagebücher

Behrend-Rosenfeld, Else R.: Ich stand nicht allein. Erlebnisse einer Jüdin in Deutschland 1933–1944, Hamburg 1949

Bräutigam, Otto: So hat es sich zugetragen ... Ein Leben als Soldat und Diplomat, Würzburg 1968

Cahiers, André Gide. Les Cahiers de la Petite Dame. Notes pour l'histoire authentique d'André Gide, 1937–1945, Editions Gallimard, Paris 1975

Das Tagebuch der Hertha Nathorff, Berlin–New York 1933 bis 1945, hrsg. und eingeleitet von Wolfgang Benz, München 1987

Deutschkron, Inge: Ich trug den gelben Stern, Köln 1978

Die Hassell-Tagebücher. Ulrich von Hassell, Aufzeichnungen vom Andern Deutschland. Nach der Handschrift revidierte Ausgabe unter Mitarbeit von Klaus Peter Reiß hrsg. von Friedrich Freiherr Hiller von Gaertringen, Berlin 1988

Die Tagebücher von Josef Goebbels. Sämtliche Fragmente, Teil I, Aufzeichnungen 1924–1941, hrsg. von Elke Fröhlich, München–New York–London–Paris 1987

Goebbels Tagebücher aus den Jahren 1942–1943. Mit anderen Dokumenten hrsg. von Louis P. Lochner, Zürich 1948

Klepper, Jochen: Unter den Schatten deiner Flügel. Aus den Tagebüchern der Jahre 1932–1942, Stuttgart 1956

König, Joel: Den Netzen entronnen. Die Aufzeichnungen des Joel König, Göttingen 1967

Naujoks, Harry: Mein Leben im KZ Sachsenhausen 1936–1942. Erinnerungen des ehemaligen Lagerältesten, Köln 1987

Rysselberghe, Maria van: Das Tagebuch der kleinen Dame. Auf den Spuren von André Gide, München 1989

Schellenberg, Walter: Memoiren, hrsg. von Gita Petersen, Köln 1959

Literaturverzeichnis

Adam, Uwe Dietrich: Judenpolitik im Dritten Reich, Königstein/Düsseldorf 1979
Ball-Kaduri, Kurt Jakob: Vor der Katastrophe. Juden in Deutschland 1934–1939, Tel Aviv 1967
Barkai, Avraham: Vom Boykott zur »Entjudung«. Der wirtschaftliche Existenzkampf der Juden im Dritten Reich, Frankfurt a. M. 1988
Benz, Wolfgang: Erziehung zur Unmenschlichkeit. Der 9. November 1938, in: Willms, Johannes (Hrsg.): Der 9. November. Fünf Essays zur deutschen Geschichte, München 1994, S. 49–65
Benz, Wolfgang (Hrsg.): Die Juden in Deutschland. Leben unter nationalsozialistischer Herrschaft, München 1988
Berding, Helmut: Moderner Antisemitismus in Deutschland, Frankfurt a. M. 1988
Blau, Bruno: Das Ausnahmerecht für die Juden in Deutschland 1933–1945, Düsseldorf 1965
Bodemann, Y. Michal: Gedächtnistheater. Die jüdische Gemeinschaft und ihre deutsche Erfindung, Hamburg 1996
Böhme, Hermann: Entstehung und Grundlagen des Waffenstillstandes von 1940, Stuttgart 1960
Brakelmann, Günter/Rosowski, Martin (Hrsg.): Antisemitismus. Von religiöser Judenfeindschaft zur Rassenideologie, Göttingen 1989
Büttner, Ursula (Hrsg.): Das Unrechtsregime. Internationale Forschung über den Nationalsozialismus, Festschrift für Werner Jochmann zum 65. Geburtstag, 2 Bde., Hamburg 1986

Dawidowicz, Lucy S.: Der Krieg gegen die Juden 1933–1945, München 1979

Deschner, Günther: Reinhard Heydrich, Statthalter der totalen Macht, Eßlingen 1977

Diamant, Adolf: Zerstörte Synagogen vom November 1938, Frankfurt a. M. 1978

Döscher, Hans-Jürgen: Der Tod Ernst vom Raths und die Auslösung der Pogrome am 9. November 1938 – ein Nachwort zur »Reichskristallnacht«, in: Geschichte in Wissenschaft und Unterricht 10/1990, S. 619 f.

–: Novemberpogrome 1938 – die »Reichskristallnacht« im Spiegel zeitgenössischer Quellen, Bonn 1988

Faust, Anselm: Die »Kristallnacht« im Rheinland. Dokumente zum Judenpogrom im November 1938, Düsseldorf 1987

Franke, Hans: Geschichte und Schicksal der Juden in Heilbronn, Heilbronn 1963

Freimark, Peter / Kopitzsch, Wolfgang: Der 9. / 10. November 1938 in Deutschland. Dokumentation zur »Kristallnacht«, Hamburg 1978

Genschel, Helmut: Die Verdrängung der Juden aus der Wirtschaft im Dritten Reich, Göttingen 1966

Gerlach, Wolfgang: Als die Zeugen schwiegen. Bekennende Kirche und die Juden, in: »Niemand war dabei und keiner hat's gewußt«. Die deutsche Öffentlichkeit und die Judenverfolgung 1933–1945, hrsg. von Jörg Wollenberg, München 1989, S. 94–112

Ginzel, Günther B.: Jüdischer Alltag in Deutschland 1933–1945, Düsseldorf 1984

Goldhagen, Daniel Jonah: Hitlers willige Vollstrecker. Ganz gewöhnliche Deutsche und der Holocaust, Berlin 1996

Graml, Hermann: Der 9. November 1938. »Reichskristallnacht«, Bonn 5.1957, 6.1958

–: Reichskristallnacht. Antisemitismus und Judenverfolgung im Dritten Reich, München 1988

Greive, Hermann: Geschichte des modernen Antisemitismus in Deutschland, Darmstadt 1983

Heiber, Helmut: Der Fall Grünspan, in: Vierteljahrshefte für Zeitgeschichte 5 (1957), S. 134–172

Heuss, Theodor: An und über Juden. Aus den Schriften und Reden, zusammengestellt und herausgegeben von Hans Lamm, Düsseldorf–Wien 1964

Hilberg, Raul: Die Vernichtung der europäischen Juden. Die Gesamtgeschichte des Holocaust, Berlin 1982; erweiterte Ausgabe in 3 Bänden, Frankfurt a. M. 1990

Jäckel, Eberhard / Rohwer, Jürgen (Hrsg.): Der Mord an den Juden im Zweiten Weltkrieg. Entschlußbildung und Verwirklichung, Stuttgart 1985

Jochmann, Werner: Gesellschaftskrise und Judenfeindschaft in Deutschland 1870–1945, Hamburg 1988

Kaul, Friedrich Karl: Der Fall des Herschel Grynszpan, Berlin (DDR) 1965

Knobloch, Heinz: Der beherzte Reviervorsteher, Berlin 1990

Kochan, Lionel: Pogrom 10. November 1938, London 1957

Kropat, Wolf-Arno: Kristallnacht in Hessen. Der Judenpogrom vom November 1938, Wiesbaden 1988

–: »Reichskristallnacht«. Der Judenpogrom vom 7. bis 10. November 1938 – Urheber, Täter, Hintergründe, Wiesbaden 1997

Kwiet, Konrad / Eschwege, Helmut: Selbstbehauptung und Widerstand. Deutsche Juden im Kampf um Existenz und Menschenwürde 1933–1945, Hamburg 1984

Lauber, Heinz: Judenpogrom. »Reichskristallnacht« November 1938 in Großdeutschland, Gerlingen 1981

Marx, Albert: Geschichte der Juden in Niedersachsen, Hannover 1995

Maurer, Trude: Abschiebung und Attentat. Die Ausweisung der polnischen Juden und der Vorwand für die »Kristallnacht«, in: Der Judenpogrom 1938. Von der »Reichskristallnacht« zum Völkermord, hrsg. von Walter H. Pehle, Frankfurt a. M. 1988, S. 52–73

Mommsen, Hans: Die Funktion des Antisemitismus im »Dritten Reich«. Das Beispiel des Novemberpogroms, in: Brakelmann, Günter / Rosowski, Martin (Hrsg.): Antisemitismus, Göttingen 1989, S. 179–192

Obst, Dieter: »Reichskristallnacht«. Ursachen und Verlauf des antisemitischen Pogroms vom November 1938, Frankfurt a. M. 1991

Pätzold, Kurz/Runge, Irene: Kristallnacht. Zum Pogrom 1938, Berlin (DDR) 1988

Paucker, Arnold (Hrsg.): Die Juden im nationalsozialistischen Deutschland 1933–1943, Tübingen 1986

Pehle, Walter H. (Hrsg.): Der Judenpogrom 1938. Von der »Reichskristallnacht« zum Völkermord, Frankfurt a. M. 1988

Peukert, Detlev/Reulecke, Jürgen (Hrsg.): Die Reihen fest geschlossen. Beiträge zur Geschichte des Alltags unterm Nationalsozialismus, Wuppertal 1981

Riess, Curt: Joseph Goebbels. Eine Biographie, Baden-Baden 1950, Wiesbaden [1975]

Robinsohn, Hans: Justiz als politische Verfolgung. Die Rechtsprechung in »Rassenschandefällen« beim Landgericht Hamburg 1936–1943, Stuttgart 1977

Rosenkranz, Herbert: »Reichskristallnacht«, 9. November 1938 in Österreich, Wien–Frankfurt a. M.–Zürich 1968

–: Verfolgung und Selbstbehauptung. Die Juden in Österreich 1938–1945, Wien–München 1978

Rürup, Reinhard: Das Ende der Emanzipation: Die antijüdische Politik in Deutschland von der »Machtergreifung« bis zum Zweiten Weltkrieg, in: Paucker, Arnold (Hrsg.): Die Juden im Nationalsozialistischen Deutschland, Tübingen 1986, S. 97–114

Scheffler, Wolfgang: Ausgewählte Dokumente zur Geschichte des Novemberpogroms 1938, in: Aus Politik und Zeitgeschichte. Beilage zur Wochenzeitung »Das Parlament« B 44/78 vom 4. November 1978

–: Judenverfolgung im Dritten Reich, Berlin 1964

Sternberger, Dolf: Scherben. Wer sprach zuerst von »Reichskristallnacht«? In: Frankfurter Allgemeine Zeitung vom 9. 11. 1985

Strauss, Herbert A./Kampe, Norbert (Hrsg.): Antisemitismus. Von der Judenfeindschaft zum Holocaust, Frankfurt a. M.–New York 1985

Thalmann, Rita/Feinermann, Emmanuel: Die Kristallnacht, Frankfurt a. M. 1987

Volkov, Shulamit: Jüdisches Leben und Antisemitismus im 19. und 20. Jahrhundert, München 1990

Weinberg, Gerhard L.: The foreign policy of Hitler's Germany, starting World War II, 1937–1939, The University of Chicago Press, Chigago–London 1980
Weinzierl, Erika: Zu wenig Gerechte. Österreicher und Judenverfolgung 1938–1945, Innsbruck 1969
Willms, Johannes (Hrsg.): Der 9. November. Fünf Essays zur deutschen Geschichte, München 1994
Wolffsohn, Michael: Ewige Schuld? 40 Jahre deutsch-jüdische Beziehungen, München 2.1988
Wollenberg, Jörg (Hrsg.): »Niemand war dabei und keiner hat's gewußt«. Die deutsche Öffentlichkeit und die Judenverfolgung 1933–1945, München 1989

Quellen- und Bildnachweis

1.1		aus: Die Lage der Juden in Deutschland 1933, hrsg. vom Comité des Délégations Juives, Paris 1934, wiederaufgelegt Frankfurt/M.–Berlin–Wien 1983, S. 94 u. 105
1.2		BA Koblenz, R 43 II, 603
1.3		Ullstein Bilderdienst
1.4		BA Koblenz, R 43 II, 603
1.5		BA Koblenz, R 43 II, 603a
1.6		BA Koblenz, NS 6, 216
1.7		BA Koblenz, ZSg. 117, 369
1.8	a)	Bildarchiv Preußischer Kulturbesitz
	b)	Neue Zürcher Zeitung v. 31. 7. 1935, BA Koblenz, ZSg. 117, 369
1.9		BA Koblenz, R 58, 510
1.10		aus: Eichler, Max: Du bist sofort im Bilde, Erfurt 1938
1.11		aus: Grau, Wilhelm: Die Judenfrage in der deutschen Geschichte, Leipzig und Berlin 1937, Anlage Nr. 7. Die handschriftliche Korrektur in § 2 stammt von Reichsinnenminister Frick.
1.12		Das Tagebuch der Hertha Nathorff, München 1987, S. 94 f.
1.13		BA Koblenz
1.14	a)	Basler Nachrichten v. 21. 6.1938, BA Koblenz, ZSg. 117, 371
	b)	Das Schwarze Korps, Organ der Reichsführung SS, v. 30. 6. 1938
1.15		»Deutschland-Berichte«, 1938, Frankfurt/M. 1980, S. 739–54
1.16		BA Koblenz, R 43 II, 1482 b

1.17 ZStA Potsdam, Reichsministerium für Volksaufklärung und Propaganda, Nr. 991, Bl. 61–64

2.1 PA des AA, Rechtsabteilung, Strafrecht, Nr. 21, Bd. 3
2.2 Ullstein Bilderdienst
2.3 PA des AA, Rechtsabteilung, Strafrecht, Nr. 21, Bd. 1
2.4 Ullstein Bilderdienst
2.5 BA Koblenz, R 43 II, 1415 a
2.6 Ullstein Bilderdienst
2.7 a) Süddeutscher Verlag
b) Ullstein Bilderdienst

3.1 Der Prozeß gegen die Hauptkriegsverbrecher vor dem Internationalen Militärgerichtshof Nürnberg (IMT), Bd. XX. Verhandlung v. 6. August 1946, S. 320 f.
3.2 StA Würzburg, Gestapostelle Würzburg, 18866
3.3 IMT XXV, Dok. 374-PS
3.4 Ullstein Bilderdienst
3.5 a) Ullstein Bilderdienst
b) BA Koblenz
3.6 Ullstein Bilderdienst
3.7 a) Süddeutscher Verlag
b) Süddeutscher Verlag
3.8 a) Bildarchiv Preußischer Kulturbesitz
b) Bildarchiv Preußischer Kulturbesitz
3.9 BA Koblenz, NS 36, 13
3.10 IMT XXXII, Dok. 3058-PS
3.11. aus: Bayern in der NS-Zeit. Soziale Lage und politisches Verhalten der Bevölkerung im Spiegel vertraulicher Berichte. Hrsg. von Martin Broszat, Elke Fröhlich und Falk Wiesemann, München und Wien 1977, S. 471–477
3.12 a) Auszüge aus den Tagebüchern der Luise Solmitz, in: Jacobsen, Hans-Adolf/Jochmann, Werner (Hrsg.): Ausgewählte Dokumente zur Geschichte des Nationalsozialismus 1933 bis 1945, Bd. III, Bielefeld 1961
b) aus: Behrend-Rosenfeld, Else R.: Ich stand nicht allein.

Erlebnisse einer Jüdin in Deutschland 1933–1944, Hamburg 1949, S. 76 u. 79
c) aus: Deutschkron, Inge: Ich trug den gelben Stern, Köln 1978, S. 34 ff.
3.13 Das Tagebuch der Hertha Nathorff, München 1987, S. 119–125
3.14 BA Koblenz, ZSg. 117, 371

4.1 NA Washington, IMT, Dok. 1816-PS, US 261
4.2 BA Koblenz, R 18, 55, 19
4.3 BA Koblenz, R 18, 55, 19
4.4 BA Koblenz, R 18, 55, 19
4.5 StA Düsseldorf, XXIII-778, zitiert nach Faust: Die Kristallnacht im Rheinland, S. 164
4.6 Das Tagebuch der Hertha Nathorff, S. 148 ff.
4.7 Das Tagebuch der Hertha Nathorff, S. 152 ff.
4.8 SD-UA Wien an den SD-Führer des SS-OA Donau, Wien, Kopie im Besitz des Verf., vgl. auch Die Kristall-Nacht, hrsg. von T. Friedmann, Haifa 1972
4.9 BA Koblenz, R 43 II, 599 b
4.10 BA Koblenz, R 43 II, 599 b
4.11 BA Koblenz, R 43 II, 599 b

5.1 PA des AA, Rechtsabteilung, Strafrecht, Strafverfolgung, Nr. 21, Bd. 7
5.2 BA Koblenz
5.3 PA des AA, Sonderakten Krümmer 2/2
5.4 PA des AA, Sonderakten Krümmer 2/1
5.5 PA des AA, Sonderakten Krümmer 2/1
5.6 BA Koblenz, R 22, 4089

Personenregister

»Das Dritte Reich stellte alle Institutionen und gesellschaftlichen Kräfte auf eine radikale Probe – die Konservativen so gut wie die Gewerkschaften, die Unternehmer, die Justiz und die Intellektuellen. Aufgrund der besonderen moralischen und intellektuellen Kompetenz, die die Kirchen ihrem Wesen und ihrer Rolle nach gewonnen haben, mußte diese Probe für sie von entscheidender Bedeutung für ihr Ansehen und ihren Bestand sein. « Der Kirchenhistoriker Klaus Scholder legt die erste integrale Gesamtdarstellung der Geschichte beider Kirchen in ihrem Verhältnis zum Nationalsozialismus vor. Der erste Band umfaßt die Vorgeschichte des Protestantismus und Katholizismus in der Weimarer Republik und im Jahr der Machtergreifung Hitlers. Der zweite Band stellt die entscheidenden Weichenstellungen des Kirchenkampfes dar, auf evangelischer wie katholischer Seite.

Klaus Scholder

Die Kirchen und das Dritte Reich

Band 1:

Vorgeschichte und Zeit der Illusion
1918-1934

Band 2:

Das Jahr der Ernüchterung 1934
Barmen und Rom

Econ | ULLSTEIN | List

S 28

Den Tod seiner Mutter nahm Yoram Kaniuk, der weltweit bekannteste hebräische Schriftsteller, zum Anlaß, die Lebensgeschichte seiner Eltern zu beschreiben. Sein Vater und seine Mutter lernen sich in Palästina kennen: Sarah ist aus Odessa eingewandert, und Vater Mosche hat sich in Berlin als Kaffeehausgeiger durchgeschlagen. Beide können in Israel nicht heimisch werden – zu intensiv sind die Bande an die deutsche Kultur. Ein ergreifendes Buch voll bewegender biographischer Bilder.

»Ein von den Füßen auf den Kopf gestellter Shakespeare – Yoram Kaniuk ist unstreitig einer der größten Schriftsteller unserer Zeit.«
L'Arche

»Kaniuk verbindet ein höchst raffiniertes Enthüllungsspiel mit dem sehr archaischen, sehr biblischen Motiv der Rache.«
Der Tagesspiegel

Yoram Kaniuk

Das Glück im Exil
Roman

Econ | Ullstein | List